推薦序

　　每一個都市，都有她的特性，正如同人一般。臺灣的都市特性，融合了多元文化，從早期漢人遷徙與原住民的互動，到荷蘭、日本殖民文化，以及戰後軍民大轉進，其所鎔鑄形成的都市特性，也自然有別於其他區域的城市文明。學習與研究臺灣都市，是一件令人愉快的事；而能作為畢生的志業，是需要先民的庇祐，更要心存感恩。中華民國都市計劃學會，結集了臺灣研究都市的各界菁英，從理論到實務，從新進到耆老，跨領域的交流與互動，也是促使臺灣都市價值得以持續不斷地被發掘、被論證，並進而提出創新的學習價值。

　　觀察臺灣長期的都市發展，正如同先進國家的都市演進，從結集、成長、擴張，到都市蔓延。已經明顯出現了大都市的發展困境，包括高房價、交通擁擠、生活壓力與社會冷漠等等都市病徵。而高強度的都市成長也對地球環境，產生了不可衡量的衝擊，例如空氣汙染、能源消耗、生態衝擊等等。於是新都市主義（New Urbanism）的提倡，透過發展大眾運輸，混合土地使用，維護環境永續，便成為解決都市發展困境的可行出路。臺灣的學界也有諸多先進，對此已多有著墨。而許多都市推動者也早已經身體力行，為永續都市發展做出實質的貢獻。

　　家儀教授長期致力於都市土地與交通運輸的實證研究，卓越有成。今匯集相關研究，有系統地整理了都市大眾運輸發展與土地使用的相關文獻與研究心得，結成大作，並出版成書為《大眾運輸導向發展與不動產開發》，特予推薦。年輕學者能力爭上游，非常值得鼓勵！能夠出版專書，

擴大學術影響力，更是值得鼓勵！期待家儂教授，能在學術殿堂，持續精進，更上層樓！

陳彥仲 特聘教授

成功大學都市計劃學系

中華民國都市計劃學會理事長

2020.06.16

序

2020 年全球在新冠病毒（COVID-19）影響之下，人類活動減少，花心思去維持所謂的「社交距離」，首當其衝就是大眾運輸工具，包含飛機、高鐵、公車與各種軌道運輸，但實際上，全球最高 2/3 人口鎖城，導致了小汽車使用量大幅減低，空氣品質大幅提升，截至 2020 年 4 月，新冠病毒已經導致超過 20 萬人死亡。

但病毒是一時，每年溫室氣體導致全球暖化，海平面上升，更多人口流離失所，越來越多的研究指出空氣汙染對人類，特別是兒童的健康有著深遠影響，英國《衛報》2018 年發布報導，全世界 95% 以上的人口呼吸著有問題的空氣，空氣汙染已成為全球僅次於高血壓、飲食和吸菸的第 4 大死因，並指出空氣汙染每年造成 700 萬人死亡，影響人類健康，是一種「無聲的公共衛生危機」。然而大眾運輸的發展與推動，有效減低私人運具產生的巨量空氣汙染，雖然在新冠病毒時代拉開了你、我的社交距離，減低了大眾運輸使用量，但在未來的城市中，消滅無聲的危機，建構以大眾運輸導向發展為核心的城市系統，將是人類永續發展與健康生活的途徑。

為了促進城市永續發展所做的嘗試中，大眾運輸導向發展（Transit-Oriented Development, TOD）無疑是最成功的發展之一。自從 1980 年代末出現 TOD 概念以來，TOD 作為一種將運輸工程、土地利用和城市設計融合在一起的方法，為當代城市問題提供全面的解決方案。而 TOD 是將人、活動、建築物和公共空間聚集在一起，透過步行和騎車連接，並且以大眾運輸為主軸，是一種有效率，也健康的旅行方式，創造了最低的財務和環境成本，使所有人都能獲得包容性最高的機會和資源，達到運輸與土地正義。而包容性正是 TOD 實現城市長期以來，推動社會公平、共同繁榮的城鄉生活基礎。

　　本書爲作者多年來研究 TOD 之感想彙整，大衆運輸導向發展在近年來成就非凡，但在全球資源與經濟發展權衡下，城市經濟發展與環境保護，成爲發展 TOD 的挑戰，本書透過過去的經驗與課題，彙整現在的策略與發展，期望提供一個新的思維，共同維護我們美好的家園，創造一個永續發展與健康生活的城市新型態。

李家儂 謹誌於祥鷺洲書院

2020.04.22（地球日五十周年）

目錄

推薦序 3
序 5

第一章　郊區化、都市蔓延、新都市主義與 TOD 的成就　15

第一節　新都市主義之興起 ································· 16
第二節　土地使用整合交通運輸引導都市模式 ············· 21
第三節　AOD 模式與 TOD 模式 ························· 37
第四節　TOD 都市發展之成效 ························· 46

第二章　都市發展課題與 TOD 的挑戰　51

第一節　臺灣都市發展之現況 ························· 53
第二節　臺灣都市發展之課題 ························· 57
第三節　臺灣與美國實施 TOD 之背景差異性分析 ········· 60

第三章　TOD 的框架和基本原理　67

第一節　TOD 之規劃目標 ···························· 68
第二節　TOD 之規劃效益 ···························· 75
第三節　TOD 之實施手段 ···························· 82

第四章　大眾運輸整合建成環境之城市空間規劃　87

第一節　綠色運輸衡量指標之建構與評估 ··············· 89
第二節　以步行導向理念檢視 TOD 區內土地使用配置的合理性 ················ 102

第五章　案例討論及 TOD 準則　113

第一節　臺北市大眾運輸導向可申請開發許可地區細部計劃案‥‥114

第二節　TOD 環境評估項目與分級‥‥‥‥‥‥‥‥‥‥‥145

第六章　不動產開發方式　165

第一節　捷運周邊相關土地開發辦法‥‥‥‥‥‥‥‥‥166

第二節　以增額容積籌措財源進行捷運周邊土地開發‥‥‥‥185

第三節　增額容積機制建立──以桃園市為例‥‥‥‥‥‥188

第四節　以增額容積開發機制檢討‥‥‥‥‥‥‥‥‥‥195

參考文獻‥‥‥‥‥‥‥‥‥‥‥‥‥‥‥‥‥‥203

圖目錄

圖 1.1　土地使用與交通運輸連結下的都市模式演變歷史⋯⋯⋯⋯22

圖 1.2　傳統步行城市概念圖⋯⋯⋯⋯⋯⋯⋯⋯⋯⋯⋯⋯⋯⋯23

圖 1.3　傳統步行都市模式中土地使用與交通運輸連結圖⋯⋯⋯24

圖 1.4、圖 1.5　工業化軌道運輸城市概念圖⋯⋯⋯⋯⋯⋯⋯26

圖 1.6　工業化軌道運輸都市模式中土地使用與交通運輸連結圖　27

圖 1.7、圖 1.8　汽車導向發展城市概念圖⋯⋯⋯⋯⋯⋯⋯⋯29

圖 1.9　汽車導向都市模式中土地使用與交通運輸連結圖⋯⋯⋯30

圖 1.10、圖 1.11　大眾運輸關聯發展都市模式中土地使用與交通運輸連結圖⋯⋯⋯⋯⋯⋯⋯⋯⋯⋯⋯⋯⋯⋯⋯⋯⋯⋯⋯32

圖 1.12、圖 1.13　大眾運輸導向發展概念圖⋯⋯⋯⋯⋯⋯⋯34

圖 1.14　大眾運輸導向都市模式中土地使用與交通運輸連結圖⋯35

圖 1.15　需求與供給導向的發展模式與型態⋯⋯⋯⋯⋯⋯⋯⋯38

圖 1.16　TOD 都市模式規劃理念的鑽石體系⋯⋯⋯⋯⋯⋯⋯42

圖 1.17　大眾運輸導向發展內涵圖⋯⋯⋯⋯⋯⋯⋯⋯⋯⋯⋯43

圖 1.18　土地使用與交通運輸連結下之都市模式與特徵⋯⋯⋯ 48

圖 2.1　臺灣大眾運輸導向發展規劃理念圖⋯⋯⋯⋯⋯⋯⋯⋯ 56

圖 2.2　背景差異對 TOD 實施影響之課題架構圖⋯⋯⋯⋯⋯⋯ 63

圖 3.1　美國 TOD 發展目標與頻次⋯⋯⋯⋯⋯⋯⋯⋯⋯⋯⋯71

圖 3.2　美國 TOD 都市模式的效益體系⋯⋯⋯⋯⋯⋯⋯⋯⋯78

圖 4.1　鄉村地區綠色運輸之規劃目標⋯⋯⋯⋯⋯⋯⋯⋯⋯⋯91

圖 4.2　綠色運輸指標系統⋯⋯⋯⋯⋯⋯⋯⋯⋯⋯⋯⋯⋯⋯⋯93

圖 4.3　板橋捷運站 500 公尺範圍之步行路網與土地使用現況圖

　　　　⋯⋯⋯⋯⋯⋯⋯⋯⋯⋯⋯⋯⋯⋯⋯⋯⋯⋯⋯⋯⋯⋯⋯⋯⋯106

圖 4.4　路網空間整合示意圖⋯⋯⋯⋯⋯⋯⋯⋯⋯⋯⋯⋯⋯⋯⋯108

圖 4.5　傳統 TOD 規劃思維與步行導向規劃思維⋯⋯⋯⋯⋯⋯111

圖 5.1　臺北市現有及未來捷運路線及場站分布圖⋯⋯⋯⋯⋯118

圖 5.2　臺北捷運路網 300、500、800 公尺涵蓋範圍⋯⋯⋯⋯120

圖 5.3　士林站周邊土地使用分區與公共設施、公劃更新地區圖 125

圖 5.4　內湖站周邊土地使用分區與公共設施、公劃更新地區圖 127

圖 5.5　北門站周邊土地使用分區與公共設施、公劃更新地區圖 129

圖 5.6　松江南京站周邊土地使用分區與公共設施、公劃更新

　　　　地區圖⋯⋯⋯⋯⋯⋯⋯⋯⋯⋯⋯⋯⋯⋯⋯⋯⋯⋯⋯⋯⋯131

圖 5.7　龍山寺站周邊土地使用分區與公共設施、公劃更新

　　　　地區圖⋯⋯⋯⋯⋯⋯⋯⋯⋯⋯⋯⋯⋯⋯⋯⋯⋯⋯⋯⋯⋯133

圖 5.8　臺北車站周邊土地使用分區與公共設施、公劃更新

　　　　地區圖⋯⋯⋯⋯⋯⋯⋯⋯⋯⋯⋯⋯⋯⋯⋯⋯⋯⋯⋯⋯⋯135

圖 5.9　南港站周邊土地使用分區與公共設施、公劃更新地區圖 137

圖 5.10　加蚋站周邊土地使用分區與公共設施、公劃更新地區圖 140

圖 5.11　大安站周邊土地使用分區與公共設施、公劃更新地區圖 142

圖 5.12　景美站周邊土地使用分區與公共設施、公劃更新地區圖 144

圖 5.13　TOD 環境評估標準六項要點⋯⋯⋯⋯⋯⋯⋯⋯⋯⋯⋯146

圖 5.14　TOD 評估分類⋯⋯⋯⋯⋯⋯⋯⋯⋯⋯⋯⋯⋯⋯⋯⋯⋯148

圖 5.15　TOD 規劃八大原則⋯⋯⋯⋯⋯⋯⋯⋯⋯⋯⋯⋯⋯⋯⋯149

圖 5.16　步行環境示意圖⋯⋯⋯⋯⋯⋯⋯⋯⋯⋯⋯⋯⋯⋯⋯⋯⋯151

圖 5.17　自行車環境示意圖⋯⋯⋯⋯⋯⋯⋯⋯⋯⋯⋯⋯⋯⋯⋯⋯153

圖 5.18　連接環境示意圖⋯⋯⋯⋯⋯⋯⋯⋯⋯⋯⋯⋯⋯⋯⋯⋯⋯155

圖 5.19　高品質公共交通環境示意圖⋯⋯⋯⋯⋯⋯⋯⋯⋯⋯⋯156

圖 5.20　多樣化步行環境⋯⋯⋯⋯⋯⋯⋯⋯⋯⋯⋯⋯⋯⋯⋯158

圖 5.21　高密度、高混合密度居住環境⋯⋯⋯⋯⋯⋯⋯⋯160

圖 5.22　緊湊的土地使用環境⋯⋯⋯⋯⋯⋯⋯⋯⋯⋯⋯⋯⋯162

圖 5.23　路權分配環境⋯⋯⋯⋯⋯⋯⋯⋯⋯⋯⋯⋯⋯⋯⋯⋯164

圖 6.1　TOD 開發公私合作，互利共存⋯⋯⋯⋯⋯⋯⋯⋯⋯197

表目錄

表 1.1　雅典憲章與新都市主義之不同⋯⋯⋯⋯⋯⋯⋯⋯⋯⋯⋯20

表 1.2　都市模式發展階段與永續性⋯⋯⋯⋯⋯⋯⋯⋯⋯⋯⋯37

表 1.3　AOD 與 TOD 都市模式比較⋯⋯⋯⋯⋯⋯⋯⋯⋯⋯⋯39

表 1.4　落實 TOD 都市模式的規劃理念⋯⋯⋯⋯⋯⋯⋯⋯⋯44

表 1.5　都市模式特徵⋯⋯⋯⋯⋯⋯⋯⋯⋯⋯⋯⋯⋯⋯⋯⋯⋯47

表 2.1　臺灣與美國都市發展背景異同比較分析（相同點）⋯⋯60

表 2.2　臺灣與美國都市發展背景異同比較分析（相異點）⋯⋯61

表 2.3　臺灣與美國都市發展背景異同與 TOD 適用性之影響⋯⋯66

表 3.1　規劃理念的組合元素⋯⋯⋯⋯⋯⋯⋯⋯⋯⋯⋯⋯⋯⋯69

表 3.2　TOD 相關研究之設計準則與成果⋯⋯⋯⋯⋯⋯⋯⋯⋯74

表 3.3　以影響層級與公私部門為劃分的 TOD 效益內涵⋯⋯⋯⋯77

表 3.4　從相關實證研究歸納之 TOD 都市模式效益⋯⋯⋯⋯⋯79

表 4.1　綠色運輸衡量指標⋯⋯⋯⋯⋯⋯⋯⋯⋯⋯⋯⋯⋯⋯⋯92

表 4.2　第一、二層及灰色權重表⋯⋯⋯⋯⋯⋯⋯⋯⋯⋯⋯⋯94

表 4.3　鄉村地區綠色運輸灰色權重與白值對照表⋯⋯⋯⋯⋯96

表 4.4　綠色運輸指標於四個鄉鎮之程度比⋯⋯⋯⋯⋯⋯⋯⋯97

表 4.5　四鄉鎮綠色運輸權重與積分表⋯⋯⋯⋯⋯⋯⋯⋯⋯⋯99

表 4.6　鄉村地區綠色運輸發展策略⋯⋯⋯⋯⋯⋯⋯⋯⋯⋯⋯100

表 4.7　Space Syntax 分析參數說明表⋯⋯⋯⋯⋯⋯⋯⋯⋯⋯⋯103

表 4.8　步行路網空間分析結果表⋯⋯⋯⋯⋯⋯⋯⋯⋯⋯⋯⋯106

表 5.1　臺北市近 10 年臺北捷運營運概況表⋯⋯⋯⋯⋯⋯⋯⋯119

表 5.2　臺北捷運路網 300、500、800 公尺覆蓋率統計表⋯⋯⋯⋯120

表 5.3　臺北市近 10 年聯營公車統計表⋯⋯⋯⋯⋯⋯⋯⋯⋯⋯⋯121

表 5.4　臺北市近 10 年交通局主管現有市區自行車設施統計表　122

表 6.1　TOD 設計理念之核心原則⋯⋯⋯⋯⋯⋯⋯⋯⋯⋯⋯⋯⋯196

表 6.2　各直轄市增額容積機制彙整⋯⋯⋯⋯⋯⋯⋯⋯⋯⋯⋯⋯198

第一章　郊區化、都市蔓延、新都市主義與TOD的成就

第一節 新都市主義之興起

一、發展背景

　　新都市主義（New Urbanism）是於 1990 年代在西方國家，特別是在美國逐漸興起的都市規劃及設計的一種新運動，它是在極端的都市化與極端的郊區化下所產生的一種衝突結果。19 世紀中葉至 20 世紀初期，當時美國都市化現象發展快速，從 1860 年至 1910 年，都市人口從 620 萬人激增 4,200 萬人。都市過度發展將帶來空間與環境等議題，如環境汙染、住宅擁擠、交通系統超負荷、社會秩序混亂等。為改善都市環境品質的惡化，1920 年代起，美國白領階級與中產階級發起了郊區化運動，對於陽光、空氣與綠地空間的渴望與憧憬，紛紛離開市中心遷移至郊區。為美國人追求個人主義、私密性、安全性、領域感、流動性與土地所有權的外在表現。

　　二次大戰後，郊區化的現象急遽加重，都市紛紛無秩序地向外擴展，「遠離城市尋找好的環境」、「在郊區蓋一棟美麗愜意的房子」，以享受個人主義的樂趣，成為當時的主流思潮。從 1950 年郊區人口數占全美人口的 26%，1960 年增至 33%，1970 年占 37%，1990 年則攀升為 48%，遠超過都市中心人口增長的比例，帶來了嚴重郊區蔓延，致使郊區環境惡化，導致都市與郊區的失衡。

　　有鑑於郊區化現象，當時由若干建築師、社區規劃者成立「新都市主義協會（Congress for the New Urbanism）」；另外，加上無秩序的都市化發展，造成城市中心不當規劃與投資，導致都市在收入、種族、年齡上的隔閡，而都市不斷擴張與蔓延的發展模式，也使自然環境、歷史軌跡、社會關係等都遭到嚴重破壞，「新都市主義（New Urbanism）」的發展就在此背景之下應運而生。

　　新都市主義乃促進鄰里與地區健康的發展，提高生活質與量的一種運

動。為消除郊區無限蔓延的窘境，並防止都市衰敗的一種整治更新辦法，同時也創造了經濟、環境與社會三方面的協調與健康發展的新典範。1993年新都市主義召開第一次會議，1996年於第四次大會上通過並批准了《新都市主義憲章》，被認為是《雅典憲章》的反憲章，目的在清除現代主義的影響。代表著這股新風潮取代了原有的都市發展趨勢。

二、新都市主義的定義

　　新都市主義對於現代主義缺乏都市生活、薄弱的社會意識與社區意識的規劃提出了批判，強調已建構的物質環境在形成社區中的重要性，並且提出物質空間組織對於形成社會與社會間的個人有重要影響，其概念可追溯源自 1961 年 Jane Jacobs 在《偉大城市的誕生與衰亡》（*The Death and Life of Great American Cities*）一書中提及，應從人的日常行為出發，藉由簡單的觀察中發現「步行」是人最常使用的方式，由步道所營造的住宅社區既安全、多樣，也是鄰里最佳的活動空間，其主張「都市建設」應回歸「社區建設」：

　　（一）在郊區建立新的「舊城鎮」（19 世紀英、美之城鎮）。

　　（二）改造舊城市中心區，整舊如新，並創造新內容。

三、新都市主義的基本原則
（一）可步行

　　步行環境為新都市主義首重的基本原則，係創造具有人性尺度的步行空間，藉此在步行過程中促進人際關係，有助於社區居民的活絡，增進社區空間的連結與凝聚社區意識。

（二）建構便捷的交通系統（連通性）

建構相互連接的網狀道路結構、層級性的交通系統，以及高質量的人行道系統與公共空間步行的舒適度等，著重於組織道路網絡並於區域發展的範圍內系統化，保留大量的綠帶空間。

（三）混合使用和多樣性

其內涵不單只是建築形式或土地使用的層面，它強調內容的混合與多樣性。亦即將都市生活機能串連並融入區域範圍內，使得居民能方便的處理生活的各項需求。創造多樣化的都市環境。

（四）住宅的混合

強調不同居住型態、種類、規模與價值之間相互的混合，透過人際互動與接觸，使都市居民相互間的感受可以有效連結，消弭貧富之間的差距，增進社會階層相互間的交流。

（五）高質量的建築和城市設計

都市建設須合「人性的尺度」進行規劃，以培養人文精神，重視人與環境間的舒適及自在的體驗感受。著重於強調美學、舒適化、人性化的市政建設以創造環境的特色。

（六）傳統的社區結構

強調都市與郊區的邊界限制。於《新都市主義憲章》中提到都市邊界在都市規劃中的首要地位，亦即以大都市作為發展，已到一定的限度。

（七）增加密度

在步行可及的社區範圍內增加更多的建築、居民、商業和服務業等，使其各項生活機能相互靠近，有利於促進步行意願，使之有效地利用服務及資源。

（八）聰明的交通

對於大城市、城鎮及社區網絡公共交通等建設，鼓勵使用非機動交通工具，如自行車、滑輪、滑行器及步行等作為交通工具。

（九）永續發展

發展及維護環境應用生態友善的技術、尊重生態及自然系統的價值、高效率利用能源、減少對石油的使用、更多使用當地產品、步行取代駕車，以落實環境可續發展。

（十）生活質量

綜合上述各項原則，營造高品質、低汙染、草根性、多樣化的社區環境，藉此改善人與環境的互動關係，不僅可提升生活品質，更也落實都市與自然環境可持續發展。

新都市主義社區又稱作傳統社區開發（Traditional Neighborhood Development, TND），20世紀90年代確立它在社區及都市發展中的主導地位，而TOD即為TND之延伸。

表 1.1　雅典憲章與新都市主義之不同

雅典憲章	新都市主義
雅典憲章強調土地使用功能分區，即各使用區截然劃分。 ➢ 功能分區： 　1. 居住 　2. 娛樂 　3. 工作 　4. 交通 　5. 各使用相互分離	新都市主義強調以步行可及的緊密發展，土地使用作混合使用。 ➢ 規劃原則： 　1. 可步行 　2. 建構便捷的交通系統（連通性） 　3. 高混合使用和多樣性 　4. 住宅的混合 　5. 高質量的建築和城市設計 　6. 傳統的社區結構 　7. 高密度 　8. 聰明的交通 　9. 永續發展 　10. 高生活質量

資料來源：Jane Jacobs（1961）；作者整理。

第二節　土地使用整合交通運輸引導
都市模式

　　交通運輸的旅運行為是都市模式演變與發展的重要因素，隨著運輸科技與工程的進步，使得旅運時間縮短與旅行距離增加，土地使用的特徵沿著不同的運輸系統產生不同的變化，如諸多相關研究指出[1]，土地使用會影響旅運行為，而旅運行為的變化則回饋至土地使用的改變，不斷地循環與相互影響。因此，不同的「土地使用」與相異的「交通運輸」在互相影響下，形成了連結作用，而其連結後所形塑之都市模式，即為多樣的都市模式（Urban form of Transport and Land Use Connection, UTLC）。

　　以歐美先進國家的都市模式為例，Newman and Kenworthy（1999a：2000）指出 UTLC 形成四個主要的歷史階層：(1)1880 年以前，傳統的步行城市（Traditional Walking City, TWC）；(2)1880-1920 年代，工業化軌道運輸城市（Industrial Transit City, ITC）；(3)1920-1990 年代，汽車導向發展城市（Automobile-Oriented Development city, AOD）；(4)1990 年以後，永續城市（Sustainable City）。此外，Belzer and Autler（2002）與 Dittmar and Ohland（2004）進一步認為 1970 年代起，大都市政府開始體認石油能源危機與環境汙染的課題，而提倡使用大眾運輸工具，形成了土地開發沿著大眾運輸發展的新模式，其稱之為大眾運輸關聯發展城市（Transit-Related Development City, TRD），然而在缺乏目標與策略的情況下，土地使用與大眾運輸仍無法有效整合，開發缺乏效率、環境資源依然流失[2]。在 1990 年代後，順應永續發展的潮流提出了大眾運輸導向發展的都市模式（Transit-Oriented Development City, TOD），其 TOD 基本意

---

[1]　Berman (1996); Cervero and Landis (1992); Cervero and Seskin (1995); Crane (1998); Ewing (1997a); Handy (2005, 2006); Li and Lai (2009); Newman and Kenworthy (1999ab); Shore (2006)；李家儂（2009）。

[2]　Cervero and Landis (1991).

涵充分連結「土地使用與交通運輸」的關聯性，以及提出更為具體的實施
方案與願景，TOD 逐漸成為全球各大先進都市發展的目標。整理土地使
用與交通運輸連結下的都市模式演變，如圖 1.1，以及逐一說明如下。

AD1880	AD1920	AD1970	AD1990	21C
TWC				
	ITC			TOD ?
		AOD-C	AOD-S	
			TRD	

圖 1.1　土地使用與交通運輸連結下的都市模式演變歷史

資料來源：作者整理。

一、傳統的步行城市（TWC）

　　傳統的步行城市（TWC），如圖 1.2 與圖 1.3 所示。該種都市模式
已發展超過 10,000 年，至今日仍有一些城市屬於這種型態，其活躍於西
元 1880 年代以前，土地使用的特徵為高密度且混合，並夾雜著狹窄的街
道，是一種自然形成的有機城市。在步行城市中，每個地方都可於半小時
至一小時的時間以步行到達，因此城市規模很少超過 5 公里，許多城市時
至今日仍保有許多步行特色，如 Kostoff（1911）指出：「城市的規模決
定在可以步行於街道的人口數量。」換言之，都市發展與步行距離息息相
關，而人類的交通行為及運輸設施影響了土地開發的種類。

　　傳統步行城市如圖 1.2 及圖 1.3 所示，都市呈現有機結構（organic
structure）的展開，土地開發混合而且高密度，交通運輸則以步行為主，
今日仍有一些城市保有這些特徵，如歐洲 Munich 的 Arabella Park 地區、
Stockholm 近郊的一些城市；此外，如美國與澳洲中部的城市，過去也

圖 1.2 傳統步行城市概念圖

說明：傳統的步行城市以市中心（政治核心地區，如皇宮、地區主宰者的居所）為核心，以步行可及
　　　的距離向外開發，然而受限於交通條件，都市規模小但人口集中，因此土地開發呈現高密度緊
　　　鄰道路發展之情形。

資料來源：作者拍攝。

曾是步行城市，但這些特徵時至今日都已消失了，只有一些著名的歷史
城市尚保有這種古老的都市模式的基本特徵，如 Sydney 的 Rocks 區、
Femantle 的西區、Philadelphia 城的 Society Hill、Boston 的北區或 New
York、San Francisco、Melbourne，及 Sydney 的市中心。

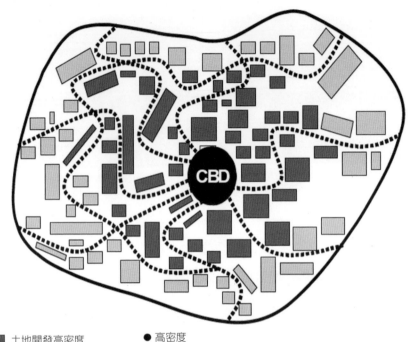

土地開發高密度
土地開發中、高密度
●●●● 步行可及距離
── 都市範圍

● 高密度
● 混合使用
● 有機的都市結構

圖 1.3　傳統步行都市模式中土地使用與交通運輸連結圖

說明：傳統步行城市在交通運輸與土地使用的整合下，呈現有機的都市結構模式，土地使用的互動取
　　　決於步行的距離，因此土地使用必須為高密度開發且混合，才能符合居民需求，而都市的範圍
　　　受限於步行可及之距離。

資料來源：作者整理。

二、工業化軌道運輸城市（ITC）

　　到了 19 世紀後期（大約 1880 年至 1920 年），工業快速發展，重工業向市中心集中，市區髒亂而且擁擠，都市內工業場所吸收的大量勞動力提供都市所需的新產品與服務，然而，此時由於土地與就業機會供給有

限，人口卻過度集中，住宅與工作用地需求遠大於供給，居住與工作者因而降低品質在不當的區位且過量的集中，已經開始逐漸有向郊區發展的傾向，形成居住在郊區、工作在市區的現象，又在當時軌道運輸的興起，旅運速度提高，距離大幅加長，人們可行的距離增加，軌道高運輸量的特性之下，使得郊區連結市區的鐵路（train）與電軌車（streetcar or tram），促使都市放射狀的向外蔓延、去中心化（decentralization）及次中心的產生，成為當時 UTLC 的都市模式 [3]，換言之，該時期則是以土地發展需求與都市開發來引導軌道運輸系統的興建，呈現土地開發引導大眾運輸（Development-Oriented Transit, DOT）的情形，都市藉由運量較高、較快的軌道運輸向鄉村迅速地蔓延，土地開發沿著鐵路與車站呈現線狀發展。

　　工業化軌道運輸城市如圖 1.4、圖 1.5 及圖 1.6 所示，以車站與鐵路為發展軸心，向郊區蔓延與蛙躍發展，其中電軌車成為市中心與近郊的主要交通工具，通勤者也透過這種運輸方式在近郊居住，但近郊由於仍鄰近市中心，地價高且環境品質低劣，因此在郊區第一圈形成中密度蔓延；而速度更快的鐵路火車，將土地開發行為帶至更遠的郊區，使得郊區第二圈形成高密度的蛙躍發展。大部分的澳洲與美國城市仍保有這個時期的特徵，例如 Melbourne 和 Philadelphia 城的郊區仍可看到其沿鐵路線狀發展的型態，尚有些城市雖然過去的鐵路已經重建或廢棄，但是仍保有一些基本特徵，如 Edinburgh、Los Angles、Melbournce、Stockholm 和 Sydney 的郊區等 [4]。

---

[3]　Porter (1997); Belzer and Autler (2002).

[4]　Newman and Kenworthy (1999a); Davison (1978); Spearitt (1978).

圖 1.4、圖 1.5　工業化軌道運輸城市概念圖

說明：上圖為鐵路車站周圍為工業區與商業區，住宅區因為工業汙染而透過綠帶隔離，並藉由鐵路的
　　　延伸與車站的設立，向郊區發展，郊區密度提高呈現蔓延的現象。

　　　下圖為 Stockholm 的郊區，鐵路駛入郊區的山中，周圍產生了密集的土地開發情形。

資料來源：作者拍攝。

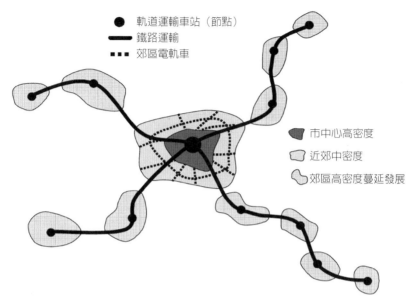

圖 1.6　工業化軌道運輸都市模式中土地使用與交通運輸連結圖

說明：工業化軌道運輸城市在交通運輸與土地使用的整合下，以火車（遠郊）與電軌車（近郊）為主
　　　要運輸工具，而土地使用則呈現市中心高密度，郊區與運輸節點中、高密度。

資料來源：作者繪製。

三、汽車導向發展城市（AOD）

　　在二次世界大戰前後，戰事中研發出更多適合路面行駛的汽車，改良後更加便利，再者隨著福特主義大量生產的概念產生，汽車逐漸地取代郊區電車的地位[5]。汽車的快速成長，形成都市中的主要運輸工具，更伴隨著道路的大量興建，各種開發則沿著道路旁集中，在 1920-1990 年代間形成了所謂的汽車導向發展城市（Automobile-Oriented Development City, AOD）[6]。而此一時期，大眾運輸系統的規劃則是用來服務汽車擁塞的市中

---

[5]　Belzer and Autler (2002); Dittmar and Ohland (2004).

[6]　Carlson (1995); Dunphy (1997); Newman and Kenworthy (1999a).

心地區，汽車擁塞的地區亦是人口密度及商業集中的地區，這種為了服務土地利用密度高（人口工作與居住通勤的需求）及汽車擁塞度（輔助汽車的第二項運輸工具）為導向的大眾運輸開發型態，此一階段又稱之為汽車化導向發展需求引導大眾運輸開發（Auto-Oriented Transit, AOT）。

　　汽車導向發展城市可細分為二個時期：(1)1920-1970 年代為一般道路導向，但於都市內部緊密發展的 AOD-C 型態；(2)1970-1990 年代則為高速公路導向郊區開發蔓延、蛙躍發展的 AOD-S 型態。基本上，AOD 與 ITC 時期都市模式的差異，在土地利用方面未有太大改變，而是在交通運輸方面由軌道運輸轉變成私人運具為主的小汽車。又 ITC 與 AOD，皆是以地區發展的需求所形成的 UTLC 都市模式，無計劃性的都市發展與土地利用，導致日後的都市蔓延及大眾運輸使用無效率的現象。在 AOD 的都市模式，如圖 1.7、圖 1.8 及圖 1.9 所示，土地資源被濫用，每人擁有之開放空間逐年減少，環境資源流失，都市發展區位隨著道路建設而向外圍擴張，解構人口在空間的分布圖像，引發住業失調的現象，造成上下班尖峰時間更多的交通流量、交通旅次，也因而衍生更多的擁擠成本與空氣汙染，市郊的蛙躍式發展，更形浪費許多公共設施支出成本，剝削了市中心的都市公共財。在這樣透過道路去中心化及郊區化的結果，都市的中心地區存在著老舊的簡陋區（deterioration area）、頹廢區（decay area）及衰敗區（blight area）。汽車導向發展的城市是 1990 年代至今之主要發展型態，例如北美跟澳洲大部分的城市都屬之。

圖 1.7、圖 1.8　汽車導向發展城市概念圖

說明：上圖為美國德州聖安東尼奧汽車導向蔓延發展城市型態，透過高速公路將土地開發帶到郊區，
　　　形成沿著高速公路的線狀與點狀發展。
　　　下圖為臺灣臺北市內湖區汽車導向緊密發展城市型態，市區道路密集、複雜，土地利用高度集
　　　中在主要幹道上，次要幹道周邊土地亦是呈現高密度發展。

資料來源：作者拍攝。

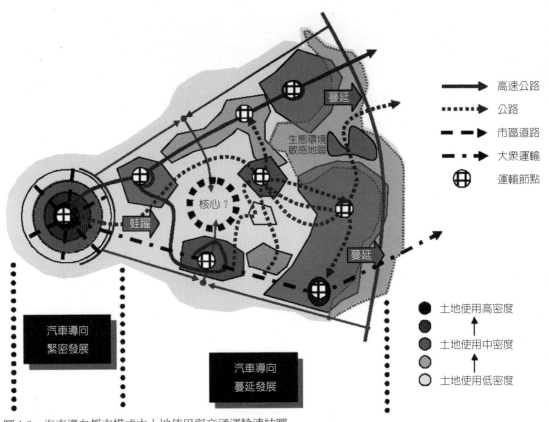

圖例：
- 高速公路
- 公路
- 市區道路
- 大眾運輸
- 運輸節點

- 土地使用高密度
- 土地使用中密度
- 土地使用低密度

圖中標示：蔓延、生態環境敏感地區、核心？、蛙躍、汽車導向緊密發展、汽車導向蔓延發展

圖 1.9　汽車導向都市模式中土地使用與交通運輸連結圖

說明：汽車導向城市在交通運輸與土地使用的整合下，在市區呈現緊密發展，向都市外圍透過高速公路與一般公路的延伸，形成中、低密度的蛙躍與蔓延發展。

資料來源：作者繪製。

四、大眾運輸關聯發展城市（TRD）

　　1970-1990年代，許多研究與政策[7]開始反省ITC與AOD的UTLC模式，並指出唯有改變土地的利用型態及緊密地往市中心再發展（compact development），才能有效提高大眾運輸效率。此外，亦有諸多研究指出[8]，大眾運輸效率的提高也提高了土地利用效益，於是有計劃性的土地利用與大眾運輸整合政策相繼而出，當時都認為小汽車的過度發展及都市蔓延，非但會導致經濟發展的無效率（如政府付出更多的公共支出以興建道路及公共設施，來滿足蔓延地區的需求），也會造成環境品質的破壞（如生態敏感區開發與汽車廢氣等汙染）。

　　緣此，許多城市期望透過大眾運輸系統的開發來「取代道路的興建」與「解決交通擁塞與環境汙染」的課題，逐漸開始重視大眾運輸的重要性，土地開發緊鄰著大眾運輸發展，形成了大眾運輸關聯發展城市型態（Transit-Related Development City, TRD）[9]，如圖1.10、圖1.11所示，該一階段為小汽車與大眾運輸使用率兼半，而土地開發的重點與密度轉移到大眾運輸場站周邊。然而，大量地興建大眾運輸系統，企圖解決「運輸」的課題，未把土地使用的因素結合進來，僅是單一方向地開發大眾捷運系統，認為所有地區的土地發展皆與大眾運輸系統有關聯性，並未合理、有效率地配置土地使用型態，非但導致大眾運輸的使用無效率，也加重開發核心區的發展負擔，甚至導致了如同ITC一樣往郊區蔓延的現象。大眾運輸關聯發展的城市亦是1990年代至今主要的都市發展型態，例如歐洲大部分的先進城市皆屬於這個型態。

[7] 如Daniels（1972）、O'Connor（1980）、Ley（1988）、Rice Center（1987）、Bell（1991）、Douglas（1992）與Cervero and Landis（1992）。

[8] Hilton (1968); Meyer and Gomez-Ibanez (1981); Smith (1984); Cervero et al.(2004).

[9] Belzer and Autler (2002); Dittmar and Ohland (2004).

圖 1.10、圖 1.11　大眾運輸關聯發展都市模式中土地使用與交通運輸連結圖

說明：大眾運輸關聯城市，是一種欲發展成 TOD 都市模式的變形，如上圖義大利羅馬所示，大眾運
　　　輸場站周邊土地雖然呈現密集的開發，但缺乏良好的步行環境空間，太過擁擠的土地利用型
　　　態，使得降低行人步行的意願。

　　　下圖美國德州達拉斯則呈現出，越靠近車站地區的土地利用密度越低，越遠越高，則將大幅降
　　　低區內大眾運輸系統的旅次數。

資料來源：作者拍攝。

五、大眾運輸導向發展城市（TOD）

1990 年代諸多的研究與政策開始探討什麼樣的 UTLC 模式，才具有永續性，經過不斷地實證、研究與創新，在智慧型成長（smart growth）與永續發展的典範下，提出了大眾運輸導向發展（Transit-Oriented Development, TOD）的都市發展型態，如圖 1.12、圖 1.13 與圖 1.14 所示，此一逆向思考模式，係透過大眾運輸系統來引導土地開發與都市發展，且當時 TOD 考量市場特性（多樣性的住宅型態，提供更多住屋的社會選擇），立即提供一個可行的機制，帶來了市場與社會的正面利益，改變過去使用汽車的生活形式，透過運輸補助的配套措施，使得美國民眾願意選擇不同的交通運輸工具。Cervero et al.（2004）、Renne and Wells（2005）的研究，整理十多年來 TOD 政策的執行效益，歸納出七大主要與十大次要效益，其效益層面廣涉經濟效率、環境保護與社會公平的永續發展效益。

Belzer and Autler（2002）更指出，21 世紀 TOD 將成為一種新的都市發展典範，其潛力將帶來更高的經濟效益，TOD 不是一種烏托邦式的構想，而是了解市場的限制變數，以及明白大眾的行為與生活型態的期望是什麼？預期汽車不一定永遠是交通運輸的主要方式，都會生活也未必是生活方式的唯一選擇，TOD 帶來市場及社會的利益，可望成為紓解社會問題、提升環境品質及整合交通運輸與土地使用的一個重要政策與預期都市發展模型。

圖 1.12、圖 1.13　大眾運輸導向發展概念圖

說明：圖為加拿大溫哥華及美國波特爾城市，城市的中心區，說明了 TOD 城市模型，在大眾運輸車
　　　站步行可達的距離內，配置購物、居住、工作、公園、維生設施等基本單元，並創造一個舒適
　　　的步行街道網絡，且可以便利達到各個地區。

資料來源：作者拍攝。

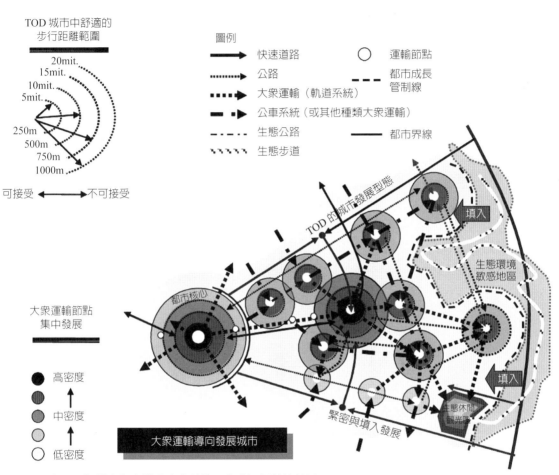

圖 1.14　大眾運輸導向都市模式中土地使用與交通運輸連結圖

說明：大眾運輸導向發展的城市型態，係以大眾運輸系統之建構，引導居住、工作、購物、休閒等活動空間於大眾運輸路線廊
　　　帶上有秩序之分布，以形塑高可居性、可及性及有效率的交通運輸與土地利用整合模式。

資料來源：作者繪製。

　　然而 TOD 究竟是一個政策，或是已成爲都市模式的代稱，尚無研究敢斷定某一城市就是 TOD 城市，從 1990 年發展至今，僅能說明有 TOD 城市意象的趨勢，因爲尚未有一個明確的研究指出，TOD 城市的「標準型態」爲何？達到什麼效益即稱之爲 TOD 城市？事實上，這股潮流已爲 1990 年代都市發展模式注入一股新勢力，無論當今都市爲 TRD、ITC、AOD 抑或 TRD，都在 1990 年代開始朝向 TOD 都市藍圖邁入，如 Cervero（1998）指出 1990 年代爲都市模式轉變的歷史時期，這個時期也讓吾人看到豐富多樣的 ITLU 模式的彼此競爭與轉變，如 Stockkolm、Copenhagen、Singapore、Tokyo、Munich、Ottawa、Curitiba、Zurich、Melbourne、Karlsruhe、Alelaide 與 Mexico City 等城市都逐漸轉向 TOD 的都市模式。

第三節　AOD模式與TOD模式

綜觀上述土地使用與交通運輸連結下的都市模式演變，現今各大城市皆以 AOD 與 TOD 模式為主，其中 TOD 模式更在許多先進國家成為都市發展的主要潮流。以下將進一步比較 AOD 與 TOD 兩種模式之差異。

一、TOD 都市模式與永續發展

誠如上文所述，UTLC 都市模式之演變，從 1880 年至今可以歸納出六種都市發展模式，包括 TWC、ITC、AOD-C、AOD-S、TRD 與 TOD 等，其模式之內涵與永續發展之關係，整理如表 1.2 與圖 1.15 所示。其中 TWC、ITC、AOD 與 TRD 屬於土地開發與經濟發展需求為導向的都市發展模式，以土地開發為主軸引導大眾運輸系統的興建，將使得都市蔓延。以 AOD 最具代表性，發展需求在哪裡、路則開到哪裡、大眾運輸也跟隨而至，並非有計劃地引導都市發展，而是恣意地任由現況需求的發展，結

表 1.2　都市模式發展階段與永續性

模式	時期	都市模式	發展導向	永續性		
				經濟	環境	社會
一	1880 以前	傳統步行城市（TWC） Traditional Walking City	需求導向		☑	☑
二	1880-1920	工業化軌道運輸城市（ITC） Industrial Transit City	需求導向	☑		
三	1920-1970	汽車導向發展（AOD） Auto-Oriented Development City	需求導向	☑		
四	1970-1990	大眾運輸關聯發展（TRD） Transit-Related Development City	需求導向	☑		
五	1990-21 世紀	大眾運輸導向發展（TOD） Transit-Oriented Development City	供給導向	☑	☑	☑

資料來源：作者整理。

果導致交通更加擁擠，大眾運輸的興建非但未改善這個課題，反而引入更多的發展需求，在供需失衡下，自然環境也遭受到破壞。

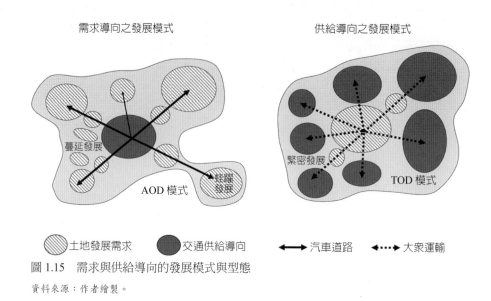

需求導向之發展模式　　　　　　　　供給導向之發展模式

蔓延發展　　蛙躍發展　　AOD 模式　　緊密發展　　TOD 模式

⬭ 土地發展需求　　⬤ 交通供給導向　　⟷ 汽車道路　　◂┈▸ 大眾運輸

圖 1.15　需求與供給導向的發展模式與型態

資料來源：作者繪製。

　　1990 年代，提出 TOD 的都市模式，為供給導向的發展型態，規劃者透過 TOD 政策方案中以「流動引導活動」的概念，從事有計劃、有目標的大眾運輸系統規劃，從交通運輸的供給量引導土地開發與經濟發展，並強調運具使用成本均衡、保護自然環境與提升生活品質等永續發展特性。更多的相關研究也指出，TOD 是一種符合永續發展的都市規劃思潮及發展型態，也是一種真正能透過大眾運輸系統引導都市永續發展的規劃路徑。

　　進一步比較整理 AOD 與 TOD 都市模式的差異，如下表 1.3 所示，AOD 都市模式的基本意涵，如增加道路容量與速度、增加停車空間並滿足停車需求、補助停車場興建、低價的汽車使用成本、提供次級的公共運輸及提供劣質的步行與腳踏車環境；而 TOD 都市模式的基本意涵，如減

少道路容量與速度、減少停車空間並抑制停車需求、高額停車費訂價管理、道路使用費與汽車行駛距離費、改善大眾運輸服務與鼓勵使用策略、改善步行與腳踏車環境、交通寧靜區劃設及改善路網設計以管理可及性。

　　二種不同的都市模式型態，衍生出不同的建成環境，如成長動態（如向外圍發展或向內都市再發展）、發展密度、土地使用型態、規模範圍、交通運輸系統、設計程序與公共空間等。又不同的建成環境會影響都市的公共健康與個人的身體健康，其中 TOD 的都市模式在促進公共健康的效益上，包含保存生態環境與資源、減低空氣汙染、增加能源的使用效率、減少水汙染及減少熱島效應；另一方面，TOD 的都市模式在促進身心健康的效益上，包含增加運輸的選擇機會與易行性、增加住宅型態的選擇機會、增加社區凝聚力、保存獨特的文化資源（文化資產）及增加運動機會與身體健康等。

表 1.3　AOD 與 TOD 都市模式比較

	汽車導向發展都市模式	大眾運輸導向發展都市模式
都市設計 ↓ 都市模式 ↓ 都市型態 ↓ 土地使用 交通運輸	1. 增加道路容量與速度 2. 增加停車空間並滿足停車需求 3. 補助停車場興建 4. 低價的汽車使用成本 5. 提供次級的公共運輸 6. 提供劣質的步行與腳踏車環境	1. 減少道路容量與速度 2. 減少停車空間並抑制停車需求 3. 停車費訂價管理 4. 道路使用費與汽車行駛距離費 5. 改善大眾運輸服務與鼓勵使用策略 6. 改善步行與腳踏車環境 7. 交通寧靜區劃設 8. 改善路網設計以管理可及性
	都市模式→蔓延	都市模式→緊密
成長動態	向都市外圍發展	填入式發展與再發展
發展密度	低密度發展	高密度發展
混合使用	同質土地使用	混合土地使用

規模範圍	較大規模、龐大的建築物與街廓、寬廣的道路、缺乏細部規劃、距離是以汽車為衡量標準	人性的規模、較小的建築物與街廓、適用的道路、都市設計考量到行人的觀點
交通運輸	汽車導向的交通運輸政策，不關注在行人與腳踏車設計	多種運具並行的交通運輸政策，促進步行、腳踏車與大眾運輸的使用
街道系統	街道設計著重在於如何擴大道路容量與行車速度	街道設計可以容納下多種運輸活動，並提供交通寧靜區
規劃程序	非計劃的、法令政策與實務不協調	有計劃的、法令政策與實務協調
公共空間	強調私人空間	重視開放空間
↓	各項衝擊	
環境衝擊	1. 開發新空間與生態資源 2. 增加空氣汙染 3. 降低能源的使用效率 4. 加速石化能源的使用 5. 增加熱島效應與溫室環境	1. 保存生態環境與資源 2. 減低空氣汙染 3. 增加能源的使用效率 4. 減少水汙染 5. 減少熱島效應
經濟衝擊	1. 增加都市新地區開發成本 2. 增加公共服務區位開發成本 3. 增加個人運輸社會成本 4. 分散聚集經濟效應 5. 交通擁擠、無效率 6. 降低產業的生產效率	1. 減低都市開發成本 2. 減低公共服務成本 3. 減低個人運輸成本 4. 增加聚集經濟效應 5. 有效率的運輸 6. 在優質環境下發展各種產業
社會衝擊	1. 降低運輸的選擇機會 2. 降低低所得戶之可及性 3. 降低社區意識 4. 增加交通意外與暴力犯罪機會 5. 增加肥胖的發生	1. 增加運輸的選擇機會與易行性 2. 增加住宅型態的選擇機會 3. 增加社區凝聚力 4. 保存獨特的文化資源（文化資產） 5. 增加運動機會與身體健康

資料來源：作者整理。

二、TOD 都市模式規劃理念

　　自從 18 世紀工業革命以來，工業技術提升與科技文明的持續發展，工業產值遠超過於農業產值，使都市地區工作機會增加、生活物質充裕，人口不斷地由鄉村向都市集中，都市化現象導致都市不斷地擴大，至現在大型都會仍不斷地產生。然而，在都市土地資源有限的情形下，工業技術進步帶動汽車產業快速發展，政府運輸政策以低成本、興建高效率的公路建設為主軸，而汽車快速移動的便利性，更助長了郊區化的現象，使都市朝向郊區蔓延，呈現線狀、放射狀及蛙躍式的發展型態衍生「住業失調（housing-job imbalance）」、交通建設成本的增加、公共設施資源的浪費、地方財政與公共支出的負擔日益加重，及生活與自然環境遭受到嚴重汙染[10]。

　　政府無計劃性且以公路為系統、需求為導向的都市發展策略，已嚴重影響到土地資源的有效利用。緣此，國外開始強調「智慧型成長（smart growth）」，發展出一些 TOD 都市模式的規劃理念，沿著大眾運輸廊帶進行高密度集合住宅與市場開發，大幅度提升民眾使用大眾運輸的便利性，而減少使用私人運具旅次，也成為各國大都會都市計劃與大眾運輸政策發展的新趨勢，如新加坡、東京、庫里奇巴（Curitiba）、渥太華、墨爾本等城市。

　　TOD 的都市模式，在「永續發展」與「智慧型成長」影響下，陸續提出一些都市規劃理念，以促進城市演變成為 TOD 都市模式，包括緊密發展、混合土地使用與人行導向都市設計等，以大眾運輸車站周邊土地與廊帶為發展起點，進行高密度集合住宅與購物中心開發，一方面可以帶來土地利用的經濟效益，另一方面，也可以促進交通運輸的效率[11]。如表1.4

---

[10]　Mitchell (2001); Johnson (2001); Newman and Kenworthy (1999a).

[11]　Porter (1997); Cervero et al. (2004); Lin and Li (2008).

所示，TOD 的理念架構在永續發展中，環境保護、社會公平與經濟效率三個目標，整合出如圖 1.16 的 TOD 都市模式規劃理念的鑽石體系，規劃理念間相互互補，也相輔相成，如新都市主義須和都市設計相互配合；混合土地使用亦要提供多樣化住宅型態；傳統鄰里發展與新傳統發展的時代更替；最後，提高大眾運輸導向發展的執行效率，須從行人空間的規劃開始。

　　不論是永續發展的目標或是 TOD 都市模式的規劃理念，其中最重要實施要素在於交通系統，因為交通運輸的各種條件直接影響到土地使用型態，進而影響都市的發展模式，而永續發展及智慧型成長所提倡的「大眾運輸系統」具有正面的效益與效率，這些政策方案是企圖引導都市發展邁向永續性目標及有效的分配土地使用。

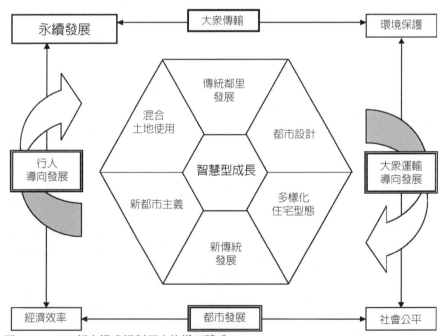

圖 1.16　TOD 都市模式規劃理念的鑽石體系

資料來源：李家儂、賴宗裕（2007b）。

　　從區域觀點與車站周邊規劃，TOD 都市模式規劃理念之內涵，彙整如下圖 1.17 所示，以都市與都會的角度、宏觀且全面的觀點來探討都市發展模式，以永續發展的三個目標，有計劃性地整合大眾運輸系統，繼而落實到場站規劃的層次：第一，環境保護面，將限制開發區的發展引導到大眾運輸廊帶及車站周邊，以保護生態環境；第二，經濟效率面，透過於捷運車站與廊帶周邊混合土地使用及提高使用強度，將可以促進經濟發展與工作效率的提升；第三，社會公平面，在混合土地使用及提高強度的同時，亦需提供多樣化的住宅型態，以維護社會的公平正義。最後，在區域觀點下的場站規劃將能引導都市的發展，並符合永續發展之目標。

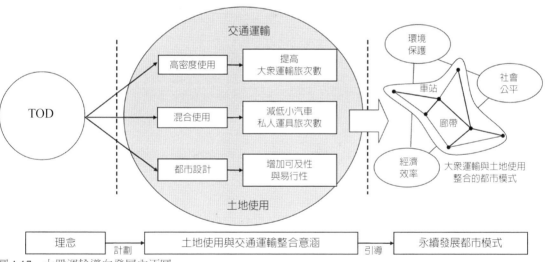

圖 1.17　大眾運輸導向發展內涵圖
資料來源：作者繪製。

表 1.4　落實 TOD 都市模式的規劃理念

規劃理念	理念意涵
行人導向發展 Pedestrian-Oriented Development, POD	・在人行道旁設置車站入口，可吸引人來此地，且可創造活力，使行人可以感受到舒服的環境。加強設計沿路商店櫥窗也可增加道路趣味性，以吸引行人，而靠近車站之零售業的目標是增加人們使用大眾運輸的動機。
多樣化住宅型態 Diverse Type of Housing	・土地發展平面與立體為混合使用，居住的建物型態則為多樣性，如年輕、老人、小家庭，或豪宅與貧戶等所需的各種住宅型態，都需要在一個都市中被滿足，以達到社會公平的概念。
傳統鄰里發展設計 Traditional Neighborhood Development, TND 新傳統發展設計 Neo-traditional Development	傳統鄰里發展與新傳統發展概念相似，其內涵與特性如下： ・通過性之交通路線不可穿越鄰里單元內部，以作為劃分鄰里單元的界線；內部街道系統之設計需能阻止穿越性之交通進入，以維鄰里單元之寧適。 ・鄰里單元的人口規模應能足以支持一所小學的存在。 ・鄰里性服務機構應適當地規劃於鄰里單元的中心。 ・鄰里單元的範圍應不超過國小學生的徒步距離 800 公尺。 ・鄰里性服務設施如學校及遊憩設施適當分配於鄰里單元內。
新都市主義 New Urbanism	・由於市中心的不當投資、規劃，造成都市在收入、種族、年齡的隔離與都市蔓延，環境、歷史與社會軌跡皆遭受到破壞，而發展出新都市主義，其概念源自於 1961 年 Jane Jacobs 的「The Death and Life of Great American Cities」，首先從「人」的日常行為出發，藉由簡單的觀察中發現「步行」是人最常使用的方式，安全、多樣、適合小孩的步道及鄰里是最佳的住宅社區。 ・簡言之，新都市主義即是利用建築與開放空間的配置來強調空間的尺度與密度、空間的層次與聯繫性，並認為「整個區域可以相似的原則來設計」。

規劃理念	理念意涵
人行導向都市設計 Urban Design	都市設計乃在處理空間與人類活動的課題，它是一種「以人為本」、「總體環境觀」與「公共設計」，並可以達到如下之功能： · 清晰易辨的都市空間結構。 · 完善的交通聯繫系統。 · 完整而高效率的公共服務及舒適的生活環境。 · 能反映都市文化歷史意義。 · 能創造都市社會意識與經濟價值。
混合土地使用 Mixed-Land Use	· 混合土地使用即是指，為滿足人類使用之居住、工作、購物等需求，多種使用用途集中利用的土地利用型態。又依據 Urban Land Institute（1987）之定義：(1) 包括三種以上獲益性質的土地使用之大規模房地產計劃，這些計劃須能相互支援彼此開發；(2) 實質環境與機能的整合；(3) 應具備土地使用計劃與準則規範。 · 而其特性為：(1) 高度發展；(2) 發揮基地利用之最大潛力；(3) 整體發展效益下，相容使用類別之混合；(4) 基礎設施之使用效率最大（中華民國都市計劃學會，1995）。 · 效益：混合使用是一種較能符合人類群聚生活的土地使用方式，使得生活舒適、便利，更能在「住商互惠」的條件下獲利。

資料來源：Davis, Corbett and Zykofsky（1999）；鄭凱仁（2001）；Katz（1994）；施鴻志（1997）；吳美觀（2000）；莊翰華（2000）；李家儂。

第四節　TOD都市發展之成效

從上述都市發展模式脈絡可發現於 1990 年代後，各學者與實務規劃者提出了 TOD 理念，認為其最符合永續發展的都市模式，而各大都市紛紛效法，尤以美國原以 AOD 都市為主，深深體會其不永續而大力提倡[12]。但事實上，值得爭論的議題是 TOD 是不是一個比其他都市模式更永續的模式？TOD 是一個新的都市模式，還是一個既存於全球都市中的某一種城市樣貌？

在諸多亞洲先進城市而言，如香港、新加坡與東京等皆具有 TOD 的基本特徵，但卻無研究依據將其都市發展模式定義為 TOD 型態，當然亦無研究指出 TOD 模式優於其他五種模式，於是在 1990 年代此一關鍵時期，全球各大都市浮現了此六種運輸與土地使用的都市模式，但都朝著共同的目標 TOD 模式邁進。

一、TOD 都市模式特徵

土地使用與交通運輸是形成都市模式的重要因素，從千年前的歷史古都到 1990 年代，大致可以劃分為六個都市模式的歷史階層：TWC、ITC、AOD-S、AOD-C、TRD 與 TOD，此六種模式分布在 1990 年代的全球各都市中，並影響各都市甚至於國家內部的經濟成長、環境資源與社會公平。

緣此，從此六種 UTLC 模式（如表 1.5 所示），可以看出來各種模式在經濟、環境與社會層面的表現，TOD 是優於 TWC、TRD、ITC 及 AOD；而另一方面，在交通運輸與土地使用的整合特性方面，本文整理如表 1.5 與圖 1.18 所示，以交通運輸條件與土地使用分別為 X、Y 軸，有

---

[12] Cervero, 1998; Breheny, 2001; Porter, 1997.

表 1.5　都市模式特徵

模式	一	二	三	四	五
年代	1880 以前	1880-1920	1920-1970	1970-1990	1990 開始
城市型態	傳統步行城市	工業化軌道運輸城市	汽車導向發展城市	大眾運輸關聯發展城市	大眾運輸導向發展城市
簡稱	TWC	ITC	AOD-S AOD-C	TRD	TOD
經濟表現	鄰里商業型態（小規模的地區經濟）	大規模工業集中於城市中心（國家與區域型經濟）	大規模工業分散於城市（國家與區域型經濟）	大規模服務業超越工業產值（全球與國家經濟）	生產者與消費者服務業，工業轉入郊區或發展中國家（全球經濟）
環境資源	・資源使用：低 ・廢棄物產生：低 ・自然的關係：接近大自然與其依存	・資源使用：中 ・廢棄物產生：中 ・自然的關係：以綠帶的設置連結城市與自然環境	・資源使用：高 ・廢棄物產生：高 ・自然的關係：工具化與獨立（如人造公園、庭園）	・資源使用：高 ・廢棄物產生：高 ・自然的關係：控制蔓延，開始注重自然資源的保護	・資源使用：低～中 ・廢棄物產生：低～中 ・自然的關係：天人合一與大自然關係密切
社會組織	以社區為基礎的人際關係	較大的城市規模，失去人與人密切的相關係，但社區仍以沿軌道發展的方式在郊區開發	個人主義、孤僻	個人主義、孤僻	地區基礎，全球連結
運輸模式	步行、非動力輪軸運輸	電軌車、軌道列車（亦有步行與腳踏車）	汽車	汽車與大眾運輸系統並用	步行、腳踏車（社區交通）、大眾運輸（城市內與城際運輸）、汽車（互補）、空中運輸（全球）

模式	一	二	三	四	五
土地使用	・較小，但高密度、混合，呈現有機型態 ・緊密程度：高	・郊區密度中等、市中心密度高且混合，綠帶以廊道方式設立 ・緊密程度：低	・高市中心密度、郊區以低密度方式蔓延 ・AOD-S：緊密程度低 ・AOD-C：緊密程度高	・高市中心密度、郊區以低密度方式蔓延 ・緊密程度：中	・以大眾運輸構成高密度的城市中心，另有中、低密度於周邊開發，但是為有計劃的，並非蔓延 ・緊密程度：高

資料來源：李家儂與賴宗裕（2009）。

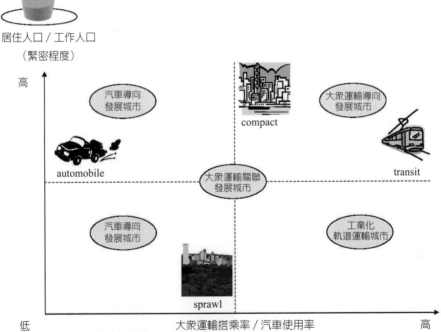

圖 1.18　土地使用與交通運輸連結下之都市模式與特徵

資料來源：李家儂與賴宗裕（2009）。

五種的都市模式分布於此一象限中，如 TOD 模式位於圖中右上方，其所
代表意涵為「高大眾運輸搭乘率、高都市緊密度」；而 ITC、TRD 則為
「大眾運輸搭乘率與汽車使用率各半、中都市緊密度」；AOD-C 則為「高
汽車使用率、高都市緊密度」；AOD-S 則為「高汽車使用率、低都市緊
密度（蔓延）」。

二、TOD 設計準則成效與可行性

　　國外在落實 TOD 設計準則的同時，是否有達到應有之成效也是一個
重要課題，瞭解 TOD 設計準則落實的成效，才能監控 TOD 的發展，故
本文從相關文獻中，整理出 TOD 設計準則具有以下的成效。

（一）有助於大眾運輸使用效率的提升

　　TOD 的發展特性中有關提高使用密度與混合使用的設計，就是為了
提升大眾運輸的使用效率，如 Quade and INC. Douglas（1996）研究發現
當其人口密度成長為原來的兩倍時，大眾運輸系統之使用率已遠遠超過原
來的兩倍。由此可知隨著住宅區密度的上升，居民搭乘大眾運輸系統的比
例會越來越高。人口密度較高地區居民之私人運具的擁有比例會下降，相
對來說，搭乘大眾運輸系統之意願會較高。此外，又研究指出混合土地使
用會使大眾運輸系統之通勤旅次增加，也會鼓勵民眾以步行、腳踏車來代
替私人運具。但根據文獻之記載，混合土地使用對於促進大眾運輸系統的
效果，遠低於人口密度之影響，效果僅約其 1/20 到 1/10。

　　Gray and Hoel（1992）的研究發現，在 2.4 公里以內的範圍，離車站
的距離每增加 30 公尺，大眾運輸系統的使用率會下降 1%；而在最適範
圍（4 公里）以內的居民，其使用意願會是其他範圍居民的 5 到 7 倍。

　　此外，在所有影響大眾運輸系統選擇的因子中，都市設計是頗具影響

力，透過行人便利（pedestrian-friendly）的都市設計，如景觀美化設計、以行人為主之道路設施、促進大眾運輸系統便利之設計，對於鼓勵大眾運輸系統的使用、減少私人運具的使用有很大助益。

以加州政府為例，其利用都市設計來改善商業區的就業環境時，其大眾運輸的工作旅次上升了 3 至 4 個百分比。可見在 TOD 的設計準則中，如提高土地使用強度、就業密度集中、混合土地使用、縮短住家與車站距離與都市設計等，皆有助於提升大眾運輸的搭乘率。

（二）法令與實務的可行性

TOD 在法令與實務上是可行的，如 Freilich（1998）研究發現 TOD 在美國從其執行初期至今，都沒有發生任何一件訴訟案，然而許多與 TOD 發展特徵相像的發展方式，諸如傳統的鄰里發展（TND）、村落導向發展政策（VOD）、限制停車區（parking restriction）、一致性發展管理（concurrency management）都曾經有過訴訟案。除此之外，許多州尤其是加州、佛羅里達、奧瑞岡及華盛頓州都將 TOD 及新傳統規劃（Neo-traditional Planning）原則納進土地使用分區管制及規劃權中，其中 TOD 更是具有一個健全的法律及憲法基礎。

（三）解決傳統 Zoning 既存的課題

TOD 設計準則解決傳統土地使用分區僵化的課題，如 Freilich（1998）認為將 TOD 合法化，主要原因在於土地使用管制規則的規範太複雜且太僵硬，無法因應未來發展的不確定性，而且土地使用分區管制也無法達到預期的目的，因此新傳統主義者（neo-traditionalist）及新都市主義者（new urbanist），也都認為解決土地使用分區既有的課題，即是透過綜合性規劃（comprehensive planning）及小心且有階段地執行 TOD 設計準則。

第二章　都市發展課題與TOD的挑戰

　　從前述 TOD 模式與所形塑出的都市樣貌，尤其以軌道建設結合土地使用作爲引導都市的發展，可以帶來許多成效，更讓人與環境產生不同的互動關係。臺灣地狹人稠也同樣深受都市化影響，而在大眾運輸系統的極力推動下，臺北捷運由民國 85 年起初的單日平均運量僅約 4 萬人次，歷經 24 年成長，單日平均運量已突破 210 萬人次（大幅成長 52 倍之多），可見已成爲民眾日常生活中重要的運輸工具。然而，臺灣發展 TOD 模式相較世界各大先進城市仍在起步階段，隨著我國《前瞻基礎建設計劃》的推動，不僅強化各項軌道建設，也奠定日後 TOD 模式基礎，惟當前內容大多著重於硬體建設的改善，但針對所形成的 TOD 環境仍少有著墨，然其 TOD 理念更著重於土地使用與交通運輸相整合，對於生活環境的營造與規劃尤爲重要，爲因應上述國際趨勢與潮流，加上我國軌道建設越趨完善，未來如何應用 TOD 理念結合於臺灣規劃實務上，勢必成爲值得關注的議題。

第一節 臺灣都市發展之現況

臺灣過去以公路為主的都市發展型態（與美國的汽車化導向發展型態類似）也面臨相同的課題，根據全國能源會議，我國交通部門溫室氣體排放量持續上升，公路占整體運輸部門排放量約 85% 以上，預估 2025 年將較 1990 年成長 4 倍多。根據歷年調查統計可知，國內運輸部門能源消費量占全國能源消費量的比例約為 14.49%，且為我國第二大的能源消費部門，但節能達成效率最差，僅達成 28%。又根據 2016 年交通部運輸研究所的資料可知，私人機動運具市占率仍有高達 70.6%，公共運輸市占率為 18.1%，顯示在公路運輸中，又以自用小客車及機車為最大宗能源消費運具。而且，我國自用小客車總量仍持續成長，汽機車高度成長使用，將帶來增加石化能源過度消費、溫室及汙染氣體大量排放及交通擁塞等諸多問題。此外，因應《京都議定書》業於 2005 年 2 月 16 日生效，對於私人運具的使用與持有不斷提高，更為我國必須重視的部分。

一、臺灣大眾運輸相關法令與實施現況

近年來雖然開始注重發展大眾運輸（尤以軌道系統的大眾運輸為主流），如 1988 年公布的大眾捷運法與 2002 年的發展大眾運輸條例，以及交通部運輸研究所委託張學孔研究之「促進大眾運輸發展方案後續推動方案之規劃」等。惟法條內容以至於相關政策中，皆未提到大眾運輸與土地利用的結合規劃，使得都市發展政策導致 DOT 的型態，違反了永續發展的理念。為尋求解決這些課題，政府制訂政策時，考量美國實施 TOD 的經驗，透過規劃政策與制度的改進，企圖改變過去以需求為導向、無計劃性的土地與大眾運輸開發型態，以期達到如下的政策目標：抑制都市不合理且無效率的擴張、節省公共財政支出、促進土地發展有效利用及環境資源保護、重構都市空間的利用型態，以及提供可居性高的都市空間環境。

但是如同上文所言，政策口號多於可用的執行方案，亦缺乏一套有系統及整合各個面向的目標體系，TOD 概念在臺灣淪為「口說無憑」，無疑是臺灣發展 TOD 最大的挑戰。

二、臺灣 TOD 的規劃層級

　　首先，臺灣 TOD 的發展模式應有二個規劃層級，如圖 2.1 所示，第一個層級即是宏觀的「區域與都會層級」：此為同質性、互依性高與跨行政界線的區域（region）或都會區（metropolis）：第二個層級即是微觀的「車站周邊土地」：此為大衆運輸車站（又以大衆捷運系統為核心）周邊一定範圍內之土地。

（一）區域與都會層級

　　臺灣的 TOD 規劃模式需先建構在平面且區域的層級，如圖 2.1 所示，勾勒出發展藍圖，透過大衆運輸系統導引都市發展的型態，確保都市計劃的成長，且又不會侵略到自然資源敏感地區。以臺北都會區為例，現況發展飽和，大衆運輸初期路網發展型態也已成形，TOD 理念要如何引導其發展，常為研究 TOD 學者所詬病，也認為在臺灣難以落實。然而本研究所建構之臺灣的 TOD 理念，須先樹立「永續發展與智慧型成長的願景」，而為求達到這個願景下，以大衆運輸為主要的交通系統，永續發展為目標，智慧型成長管理為手段，重新調整、配置都市的土地使用，將限制發展地區的發展權調配到大衆運輸車站及廊帶周邊，讓都市的發展更緊密，因此，在這個理念之下，臺北都會區的都市發展就須先找出它的發展藍圖。

（二）車站周邊土地

　　第二層級，即是大眾運輸車站與廊帶周邊土地使用的平面與立體規劃，其規劃原則首先評估發展需求量，其次分析「混出適合」的土地使用類別，繼而「提高適量」的使用強度，最後透過「人本」的都市設計手法，美化生活、工作、消費空間，其中仍須配合政府的管制手段及財務協助，以達到土地利用及大眾運輸使用的最高效率。又如圖 2.1 車站部分，值得注意的是商業與住宅的面積大小取決於該車站之定位（如居住型、就業型或休閒購物型）及該地區於都市階層中的層級。最後，在車站周邊的土地亦需提供各項服務設施及保留自然人文資源，如休閒需求、商辦需求、娛樂需求與住宅需求等服務設施及公園、綠地與自然人文保護區。

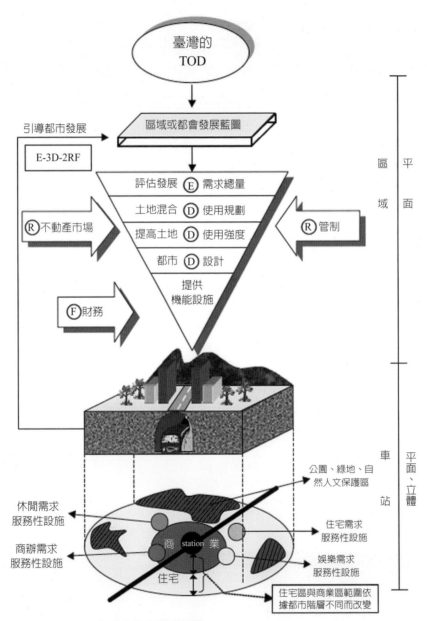

圖 2.1　臺灣大眾運輸導向發展規劃理念圖

資料來源：作者繪製。

第二節　臺灣都市發展之課題

　　臺灣的都市發展已違反永續發展的理念，為求解決這些課題，須以永續發展為目標，並以 TOD 為規劃理念，來抑制都市不合理且無效率的擴張、節省公共財政支出、重構都市空間的利用型態及提供高可居性的都市空間環境。然而，都市發展與 TOD 有何關係？又如何應用 TOD 之規劃理念，提供臺灣紓解當前之課題？本章將彙整相關文獻予以分析，以供臺灣都市未來應用之參考。

一、區域面向課題

　　TOD 具有引導區域／都市空間再造之功能，據以檢討臺灣都市在實施 TOD 引導區域面向空間發展上，是否具備引導整體區域空間發展之能力，歸納出三項課題。

課題一：缺乏整體性區域空間發展計劃之指導

　　1. 從美國加州、日本東京、新加坡推動 TOD 引導都市空間再造策略，主要先根據整體區域空間發展現況進行調查與分析後，進行空間發展預測，並從預測結果中擬定對未來一定年限後（日本是 10 年）之整體區域發展願景，將其制定在整體區域空間發展計劃內，提供相關及下位計劃推動之依據。

　　2. 臺灣在 TOD 引導都市空間再造之思維，從現有計劃案中可以發現缺乏對整體區域未來發展願景的建立，導致缺乏上位計劃指導下位計劃以及下位計劃各自發展，產生零星發展與不連續發展之現象，也難以對整體區域空間發展形成有別影響。

課題二：都市蔓延導致重要或一般自然資源消失

從臺北市捷運工程局民國 95 年統計捷運交通用地辦理都市變更之情形，發現在實際空間發展上將「保護區、農業區、公園、綠地」變更為捷運交通用地。

課題三：誤解 TOD 原本內涵，導致誤用與濫用

1. TOD 原文為「Transit Oriented Development」，中文為「『大眾運輸』、『導向』、『發展』」，其中，導向有「引導」之意義，發展有「都市空間發展」之意義，主要內涵是「透過大眾運輸引導整體都市空間發展型態」，因此 TOD 重視整體區域／都市空間之發展，並進一步強調都市實質空間（土地使用、交通運輸、公共設施等）與非實質空間（人口、產業分布等）之連結性以及新舊發展空間之整合性，並在新土地開發需求不再之發展趨勢下，更加重視 TOD 引導都市空間再造之策略思維。

2. 臺灣都市在實施 TOD 引導都市空間再造上，從現有計劃案中可發現「在捷運車站或其周邊劃定都市更新地區／單元或是進行都市設計」就是實施 TOD，因此在對 TOD 內涵未釐清與誤解之情況下，現有的發展多為「大眾運輸適應發展（Transit Adjacent Development, TAD）」，大眾運輸無法對空間進行調整與再造之效果，因此並非真正的 TOD 引導都市空間再造，難以真實地達到實施 TOD 的效益。

二、都市面向課題

都市層面應結合政策及計劃發展，管理都市成長以及改善生活品質，因此必須透過土地使用強度、土地使用區位以及交通運輸系統落實，加以檢討臺灣都市實施 TOD 引導都市發展在都市面向之重要課題。

課題一：僅侷限於「捷運車站周圍地區」進行都市更新

從臺灣現行推動都市更新案中，顯示出都市空間再造劃定之地區，多侷限在捷運車站周邊之地區，難以達到 TOD 引導都市空間再造之綜效，尤其臺北市及新北市捷運系統發展已經進入第二、三階段，並預計於2031 年完工，屆時，整體捷運路網架構完成後，將對整體都市空間發展造成機能破碎與不連續等課題，因此必須將納入重要運輸節點都市空間再造之類型，加以劃分，整體考量都市發展策略。

課題二：捷運路線沿線都市發展僅是點狀思考

TOD 引導都市空間再造在都市層面應重視運輸沿線都市空間發展型態，從廊道形成串連不同都市間之空間，因此產生整體都市空間布局。但是從現有計劃案內容顯示，主要從捷運車站周邊一定距離內（以捷運車站為中心，半徑 400、500、800 公尺內），形成「個別式的點狀發展」，缺乏整體都市空間發展之思維。

第三節 臺灣與美國實施TOD之背景差異性分析

　　TOD 理念的思考與實施，能夠有效地引導都市朝正面發展，然而TOD 係由北美地區發展出的概念，美國與臺灣無論是人口、文化、都市發展背景與政策目標皆不相同，此理念將又如何適用於臺灣？首先需要探討的是臺灣與美國都市發展背景的相同點與相異點為何？以及這樣的差異是否會影響到 TOD 的實施？可供作為臺灣應用 TOD 模式之參考。

一、臺灣與美國都市發展背景

　　臺灣與美國在都市發展的背景上，需對兩地的差異性與共同點進行比較分析，首先針對兩地的相同點分項目分析，如表 2.1 所示，可發現在運輸服務、空間結構與規劃理念層面有其相似之處。

表 2.1　臺灣與美國都市發展背景異同比較分析（相同點）

異同	比較分析項目	比較分析內容
相同點	運輸供需	兩地大都會區的大眾捷運系統都是都市內部的運輸工具以服務都會區的通勤旅次為主。
	都市發展型態與空間結構之課題	兩地在快速郊區化之後，人口與產業快速外移，主要的大都會區都面臨著都市蔓延與蛙躍式發展，導致公共設施分配不均、政府財政壓力日益增加。
	規劃理念	兩地規劃界多已認同大眾運輸導向發展的理念：美國已行之數十年，而臺灣近年來則逐漸推廣，如臺北市早年主要計劃「通盤檢討—綠色生態城市規劃」已將 TOD 理念納入發展策略中。

資料來源：Garvin（2002）；吳綱立（1998）；杜雲龍（2000）；交通部運輸研究所（2002）；李家儂（2002）。

　　除了上述相同點之外，兩地在都市空間結構、郊區化過程、土地使用分區、發展政策與執行機制與法令等層面也有差異，如表 2.2 所示：

表 2.2 臺灣與美國都市發展背景異同比較分析（相異點）

異同	分析項目	比較分析內容
相異點	空間結構	1. 美國由於地廣人稀，都市地區的土地開發密度較低，都市空間結構也較鬆散，近年來隨著多核心發展及郊區化發展的趨勢，美國都市擴張與郊區化蔓延的現象已相當明顯。 2. 臺灣由於地狹人稠，都市地區的土地開發密度明顯較高，若以北美地區的標準來看，臺灣西部多數都市化地區已屬緊密發展。此外，雖然臺灣一些大都市目前也出現多核心發展的現象，但核心與周邊地區的差異性並未如美國都市那麼的明顯。
	人口移動與郊區化過程	1. 美國是先發生都市化，然後才出現人口、大型零售業及就業中心的郊區化發展，而其郊區化也造成市中心區的衰頹。 2. 臺灣的都市化與郊區化幾乎是同時發生，而臺灣主要大都市的郊區化現象也並未造成市中心區明顯的衰頹，例如臺北市市區內的房價仍然居高不下，商業活動強度也相當的高。
	土地使用分區與混合土地使用	1. 美國土地使用分區明確，但過度強調單一機能分區的結果，也造成交通旅次的增加及都市生活的缺乏多樣性，所以近年來其土地使用規劃的趨勢已傾向於鼓勵相容性高的混合使用。 2. 臺灣土地使用分區與管制並不明確，平面與立體混合使用已為發展的常態，有些都市地區甚至出現明顯不相容的混合使用，所以臺灣土地使用問題之解決不在於增加混合使用的程度，而在於以容受力的觀點，檢討現行的開發密度及強度，並避免不相容土地使用間的相互干擾。
	都市發展管理政策及執行機制	1. 美國地方政府的權力較高，也有區域性規劃組織（如舊金山灣區的 Association of Bay Area Government, ABAG）及都會區規劃組織（如 Metropolitan Planning Organizations, MPO）來協助區域內各地方政府間的溝通協調或區域性規劃問題的解決，而近年來美國許多地區皆積極推動緊密發展與智慧型成長的觀念，希望藉此減緩都會區擴張及蛙躍式發展的趨勢，並創造出永續發展區域。 2. 臺灣地區目前並無區域性規劃組織（或都會區管理組織）來協調運輸與區域發展相關問題之解決。

異同	分析項目	比較分析內容
相異點	發展大眾運輸法令與基金層面	1. 美國中央政府以法令規定補助大眾運輸發展，如美國國會於 1997 年通過國家經濟運輸效率法案（NEXTEA），自 1998 年度開始執行，至 2003 年終止，共計六個年度。該法案可說是延續 ISTEA 立法精神而制訂，在執行六個年度中，預計以一千七百五十億美元，作為地面運輸計劃基金（五成以上用於大眾運輸）。而聯邦政府在 ISTEA 與 NEXTEA 的計劃中，分別資助二百四十一億與三百零七億美元的金額。 2. 臺灣並沒有補助大眾發展的基金，大眾運輸的發展有賴地方政府的財政是否健全，雖於 2002 年制訂的「發展大眾運輸條例」有提及補助，然而沒有基金且沒有明確指出要補助多少？補助哪些項目？使得無法真正力行發展大眾運輸。

資料來源：作者整理。

二、臺灣與美國都市發展差異對 TOD 實施之影響

　　從上述臺灣與美國的異同，可發現相異點比相同點為多，然而這些異同點是否會影響 TOD 理念在臺灣發展，其課題架構如圖 2.2 及下文說明。

（一）在相同點的部分

　　可以發現有三個部分相同，首先在「都市發展型態與空間結構之課題」部分發現臺灣與美國現在面臨的相同課題，就是都市蔓延與國家財政吃緊，然而就是因為有這些問題的產生，以致美國發展出 TOD 理念來因應，因此就此部分視之，由於有著相同的課題背景，若要提出實施 TOD 理念其將有推波助瀾的效果。

　　在「規劃理念」方面，最深怕的是規劃者與主政者認知差異，然而臺北市政府在研究團隊的建議下，以 TOD 理念為臺北交通與都市發展之藍圖，是一個重大的突破，再者於「臺北市土地使用分區管制規則」第八十

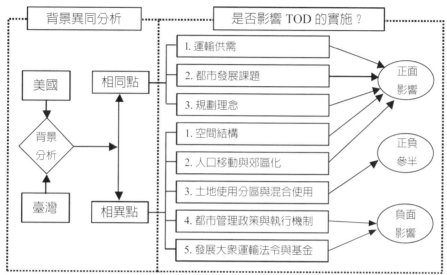

圖 2.2 背景差異對 TOD 實施影響之課題架構圖

資料來源：作者整理。

條之四規定：「大眾運輸系統之車站半徑五百公尺範圍內地區，經循都市
計劃程序劃定者，其容積率得酌予提高，但不得超過原基準容積百分之
三十。都市更新地區依都市更新實施辦法相關規定辦理，不受前項但書之
限制。」此一規定以為實施 TOD 理念所遭遇到的法令問題解套，也奠定
TOD 在都市計劃的基礎。

　　在「運輸供需」方面，此一相同點也說明了為什麼國外 TOD 都市都
是區域性的或以一個大都會為基礎，如舊金山灣區、巴爾的摩郡（市）
等，而臺灣亦有如此之情形，因此未來 TOD 城市應該以區域或都會區層
面發展，如臺灣則是以臺北都會區，然而如此，在臺灣將引申出跨行政界
線的都會整合問題，如臺北都會區含括臺北市、新北市、桃園市與基隆市
部分行政區，即橫跨四個城市。

（二）在相異點的部分

在相異點有五個部分不同，然而相異並不表示對於在臺灣實施 TOD 會有阻礙，將其分爲正面影響、正負參半與負面影響說明如下：

1. 正面影響

都市發展背景相異對於實施 TOD 的正面影響有「空間結構」與「人口移動與郊區化的過程」。在「空間結構」相異處的部分，反而更有益於實施 TOD 理念，因爲臺灣地區地狹人稠，若一直使用小汽車勢必會帶來嚴重的交通擁塞、環境汙染及能源耗損等問題，反而比美國更有實施 TOD 的需求，再者臺灣都市蔓延與蛙躍發展情形較不嚴重，未來若實施 TOD 於土地使用規劃中，比美國更能吸引人口回流。

而「人口移動與郊區化的過程」亦然，臺灣雖有郊區化的現象，但內都市（inner city）的並未衰敗且呈現多個核心的發展，有助於發展大眾運輸促使郊區居民回流。

2. 正負參半

而在正負參半的部分則爲「土地使用分區與混合土地使用」，正面影響的是臺灣土地使用的特色即是混合土地使用，且在法令的規定中亦是准許的，因此對於發展 TOD 理念是有利的基礎，然而也會產生負面的影響，即是臺灣的混合土地使用是否達到環境相容性與使用關聯性的概念。此外，臺灣現行僵化的土地使用分區管制規定，也將阻礙 TOD 彈性土地使用的概念。這些負面影響是可以克服的，如美國即發展出一套混合土地使用設計原則及車站周邊重疊分區（zoning overlay district）的概念，解決現行僵化的土地使用分區所產生的阻礙。

3. 負面影響

在「都市發展管理政策及執行機制」方面，臺灣所缺乏的是區域性規

劃組織（或都會區管理組織），使得區域整合不易，或中央與地方矛盾。

在「發展大眾運輸法令與基金層面」，從美國經驗可知，美國從 1958 年的運輸法案（Transportation Act of 1958）起至今四十餘年中，針對大眾運輸發展補助的法源共制定十二項相關法案，而臺灣雖有在 1988 年制訂的「大眾捷運法」與 2002 年的「發展大眾運輸條例」，卻看不到補助款的來源及誘因的提供。

此外，美國發展 TOD 的基金會或提供資金來源的方案甚多，在基金的部分：在中央層級的如「美國社區基金（American Communities Fund，簡稱 ACF）」、地方政府的如西雅圖的「大眾運輸導向社區發展基金（Transit-Oriented Community Development Fund，簡稱 CDF）」；在資金提供的方案：如「運輸、社區和系統維護引導方案（Transportation and Community and System Preservation Pilot Program，簡稱 TCSP）」、「聯邦大眾運輸法 5309 節授權方案：新軌道運輸的開始（Federal Transit Act Section 5309 Grant Program-New Rail Starts）」等 16 個方案。然而，在臺灣卻無這樣的基金會與資金可提供發展 TOD。

三、臺灣與美國都市發展背景異同與 TOD 適用性

經由上述可以發現，雖然臺灣與美國的發展背景異多於同，但是 TOD 在臺灣的背景實施下，是正面影響多於負面，而其中負面影響，亦可以藉由規劃與政策的調整而克服，其影響與可配套措施整理如下表 2.3 所示，換言之，臺灣地區是一個極適合發展 TOD 理念的地方。

表 2.3　臺灣與美國都市發展背景異同與 TOD 適用性之影響

異同	都市發展背景異同之項目	正面影響	正負參半	負面影響	配套措施
相同點	運輸供需	√			1. 以都會區或區域為範圍。
相同點	都市發展型態與空間結構之課題	√			1. 填入式發展。 2. 緊密式發展型態。
相同點	規劃理念	√			1. 建立臺灣 TOD 發展模式。 2. 詳文於國土綜合發展計劃。
相異點	空間結構	√			1. 建立臺灣 TOD 發展模式。 2. 大眾運輸路網與土地使用整合設計。
相異點	人口移動與郊區化過程	√			1. 都市發展管制線。 2. 提供內都市（inner city）更多樣的住宅型態。
相異點	土地使用分區與混合土地使用		√		1. 建立臺灣 TOD 發展模式。 2. TOD 特定區的劃設。
相異點	都市發展管理政策及執行機制			√	1. 成立跨區域、跨都會區的 TOD 發展組織。 2. 跨部門整合。
相異點	發展大眾運輸法令與基金層面			√	1. 推動 TOD 法治化，並成為國家政策。 2. 推動 TOD 基金會落實。

資料來源：作者整理。

第三章　TOD的框架和基本原理

第一節　TOD之規劃目標

一、TOD 規劃理念的組合元素

（一）重要內涵

　　Calthorpe 與 Benfield et al 認為 TOD 的基本理念為：中高密度的住宅、配合適當的公共設施、工作機會、零售與服務性空間；其重點集中在區域性大眾運輸系統上重要地點的多用途開發。而 TOD 之發展策略如下：

　　(1)組織都市的發展，使其能夠更緊密且具有大眾運輸的支援；

　　(2)捷運車站步行可達的距離內，配置購物、居住、工作、公園、維生設施等基本單元；

　　(3)創造一個舒適的步行街道網絡，並且可以便利達到各個地區中重要的據點；

　　(4)提供一個多樣化的居住型態、密度及價格；

　　(5)保存敏感的生物棲息地（sensitive habitat）、河岸區（riparian zones）及高品質開放空間；

　　(6)公共空間能夠著重於建物的設計方向與鄰里居民的互動性；

　　(7)鼓勵沿著大眾運輸車站及廊帶的既存鄰里單元，採用「填入式發展（Infill Development）」及都市更新的方式。

（二）五個特性之組合元素

　　在實務規劃與案例討論中，對於規劃理念的組合元素，有諸多的研究探討，如從諸多研究中發現[1]，TOD 規劃理念有五個組合元素：(1)配合充足的容積（開發密度）鼓勵使用大眾運輸設施；(2)將住宅、工作（就業）

---

[1]　Freilich (1998); Benfield et al (1999); White, Attorney, Freilich, Leitner and Carlisle (1999); Belzer and Autler (2002).

地點及零售商店規劃緊鄰大眾運輸系統設施附近；(3) 鼓勵規劃住宅區位於與其他零售商店及就業地點步行可及的範圍內，做混合式之土地使用規劃；(4) 與既有之交通系統網絡相結合，而非自處於道路層級系統之外；(5) 結合都市設計之指導原則，鼓勵步行導向之居住環境，支持社區內交通動線之規劃。

Bae（2002）、Cervero et al.（2002）、Evans（2007）、Li and Lai（2006）的研究，則提出 TOD 規劃理念基於永續發展，應具備三種組合元素：(1) 自然環境方面包括汙染的控制、替代的新能源、循環使用的車輛與建設材料、省能源的智慧型車站、土地資源的保護；(2) 經濟與財務方面包括自給自足的財務機制、經濟效率最大化與社會成本最小化、經濟發展的推動、世代子孫付得起的費用；(3) 社會公平方面包括提供基本行的需求、生活品質的提升、促進都市合理地發展民眾健康與安全的確保、大眾化的合理票價。根據上述所指出之組合元素，綜整如表 3.1 所示，TOD 都市模式之規劃理念具備了如下五項組合元素。

表 3.1　規劃理念的組合元素

	組合元素	說明
一	人口集中、密度高	TOD 須在有相當人口密度的地方實施，方能鼓勵民眾使用大眾運輸。
二	多功能生活圈	住宅區、工作區及零售商店必須散布在大眾運輸系統沿線。
三	大眾運輸節點於步行範圍內	TOD 包括各種都市活動及工作和購物，且均須在步行可及之範圍內。
四	棋盤式的運輸系統	TOD 之計劃必須建構在棋盤式的運輸系統上，而非一般郊區中主要幹道、次要幹道和地區街道所形成的道路系統。
五	行人導向的都市設計	大部分以 TOD 概念設計的都市，均配合良好都市景觀設計，來鼓勵民眾使用大眾運輸系統，避免使用小汽車。

資料來源：作者整理。

二、TOD 規劃的目標

　　實務規劃落實前，規劃目標爲指導 TOD 規劃的核心議題，相關研究指出 [2] 如下四個規劃目標：(1) 提高大眾運輸的使用率：鼓勵住戶及上班族充分利用大眾運輸系統，減少對私人汽車之使用與依賴；(2) 減低交通擁塞：將道路交通擁擠情形的發生降到最低；(3) 舒適的步行與居住空間：透過都市設計鼓勵對步行系統（行人）、道路設施（人行道）及大眾運輸系統之使用而規劃；(4) 引導發展型態：鼓勵民眾使用大眾運輸工具，引導生活及經濟活動回流都市地區，抑制蛙躍發展，減少入侵環境資源之開發行爲。

　　由上述可以發現，TOD 可以達到永續發展的效益。然而，Cervero et al.（2004）、Belzer and Autler（2002）的研究指出，各個城市不斷地提倡 TOD，也規劃了許多方案，但事實上也有很多城市未達到預定的目標，如美國 TOD 諸多研究或計劃的第一部分大多在說明 TOD 的效益，將 TOD 效益分類爲經濟效率、社會公平、環境保護與永續交通等層面 [3]，TOD 皆具有正面成效，Maryland 州的 Bethesda 站與 Oregon 州的 Orenco 站區規劃，其原因在於缺乏一個「共同的發展目標」，用來制訂各個地區的策略，以至於執行機制，這個問題也是發展 TOD 最大的挑戰。Belzer and Autler（2002）指出 TOD 具有不同的行動者，每個行動者又具有不同的目標，必須建構不同的 TOD 目標。

　　美國 Transportation Research Board 委託 Cervero et al.（2004）的研究計劃「TCRP Report 102」中，利用問卷調查訪問大眾運輸機構、開發部門與地方政府，統計受訪機構推動 TOD 計劃時所追求目標之比例分配，如圖 3.1 所示，各部門追求 TOD 共同目標最主要就是增加大眾運輸

---

[2]　如 Freilich（1998）、White et al（1999）等。

[3]　Cervero et al.（2004）、Davis et al.（1999）、Renne et al.（2005）與 Niles and Nelson（1999）等。

的旅次數,其他亦包含有經濟面與社會面之目標。該調查統計 TOD 政策目標的目的,在於提供許多對於發展 TOD 有興趣之地區一個明確的政策方向,發展 TOD 應該要達到什麼目標,在這些目標下有哪些策略可以提供,據此將可形成各地方的 TOD 執行機制。

　　從上述研究分析,以美國發展 TOD 都市模式為例,規劃目標依其重要性如下:(1) 第一重要:增加大眾運輸乘客旅次;(2) 第二重要:促進經濟發展;(3) 第三重要:提高報酬;(4) 第四重要:加強可居性;(5) 第五重要:擴大居住型態的選擇;(6) 第六重要:提高私人開發機會;(7) 第七重要:改善安全、共同分攤建築成本、減少停車空間、一次能購足的商店;(8) 第八重要:改善與整合運輸系統、加強行人系統的可及性、改善空氣品質、將房地產稅賦明細化。

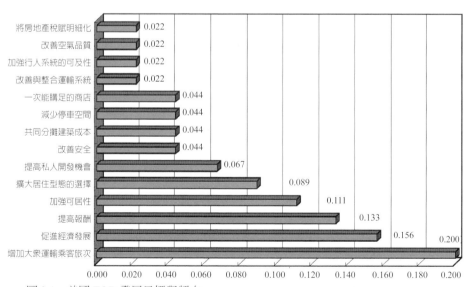

圖 3.1　美國 TOD 發展目標與頻次

資料來源:參酌 Cervero et al.(2004)之研究整理而得。

三、TOD 規劃的都市設計與範圍

（一）TOD 規劃的都市設計

　　TOD 理念係整合都市設計而發展出來的概念，在都市設計方面的探討，也相對有比較多的文獻，如許多研究指出 TOD 基本上涵蓋一個兼具住宅及非住宅機能的土地使用型態，設計意涵包含如下：(1) 將居住及就業地點規劃設置在同一區域內，以提升民眾的步行或搭乘大眾運輸系統的機會，減低對汽車的依賴；(2) 非住宅機能之設施，例如托兒所、幼稚園、零售商店、購物中心緊鄰捷運系統沿線，使得大眾生活機能更為方便；(3) 透過混合使用之規劃型態，將 TOD 規劃的空間範圍形塑成一個社區型態，而非一個供居住的單調機能區位；(4) 甚至將 TOD 規劃成一個區域中心，配置密集的商業、文化及其他休閒活動或商業機能，以服務區域內大眾之需求，並可將 TOD 範圍建構成鄰里單元，其外圍配置綠帶或開放空間以示區隔。

　　在都市設計的探討上，Calthorpe（1993）認為大眾運輸導向發展的設計準則主要在定義都市、郊區與城鎮成長的整合策略，不同於一般的設計準則著重於美學與建築原則，此處所指的設計準則，將針對發展社區、鄰里、分區與區域，定義出建構環境的新內容與方向。大眾運輸導向發展的準則，可以由三個一般性的原則來說明：(1) 區域的成長應由大眾運輸系統的擴張與緊密的都市形式來引導；(2) 單一使用分區應以混合使用與適宜步行的鄰里作為標準來取代；(3) 都市設計政策應該創造公共領域與人性尺度的建物，而非私人領域與小汽車導向。

　　從上述之研究發現，TOD 的設計準則可以應用於不同規模的案例，並可以達到如下之都市設計目的：(1) 控制開發活動的區位與強度，使居住所需的其他機能設施，能夠緊鄰而提供其所需之服務；(2) 提升搭乘大眾運輸的意願，並可降低私人運具的使用；(3) 提供詳細的都市設計指導

原則，促使混合使用型態間相容，也提升車站周邊的環境品質。

（二）TOD 規劃的範圍

TOD 設計準則探討之首要課題為規劃範圍，從諸多研究指出 [4]，TOD 的規劃範圍以距離車站 400 公尺內之土地，比較能鼓勵居民使用大眾運輸系統；另外，大多數民眾亦能接受 300 公尺與五分鐘之內的步行範圍，而對於班次較密集而高速的輕軌運輸系統，民眾接受度擴大到 400 至 800 公尺的步行距離。

（三）TOD 規劃下之建築設計與停車管制

建築設計與停車管制為 TOD 設計準則的配套措施，相關研究指出 TOD 理念的運用，勢必與傳統的設計與管制規則有所不同，其主要的差別如下：(1) 建築線退縮、增加人行空間；(2) 減少路邊停車空間、增加發展密度；(3) 重視都市景觀設計，藉以提高民眾使用意願。

TOD 的道路路網設計，也是屬於「管制」的概念，其道路路網之設計應受到一些準則所限制，如傳統的街道規劃係以道路層級來區分，但 TOD 適合使用棋盤式街道，乃是為了方便每條道路都能與大眾運輸系統相連結，且容許一或多條穿越性道路通過計劃區域。

在 TOD 觀念中容許小巷道的存在，係由於欲將道路系統與家中建物後方的停車空間聯合在一起。另外，TOD 理念中容許較窄的巷道，因為狹窄巷道減少通過性交通之流量並降低車行速度，而且鼓勵車子停放路外與增加人行道寬度，藉以形成隔離，增加行人安全及步行空間。

---

[4]　Calthorpe (1993); Freilich (1998); White et al.(1999).

表 3.2　TOD 相關研究之設計準則與成果

設計準則面向		探討內容	研究成果
一	規劃區域　1. 離車站距離	·以大眾運輸車站為核心，其步行可及距離為範圍。	·400-800 公尺。
二	密度強度混合　1. 使用強度	·提高捷運車站周邊土地使用強度。	·TOD 主要的設計準則，即是要提高土地使用強度。
	2. 混合使用	·促進土地使用的混合，結合居住、工作與休閒等機能。	·TOD 主要的設計準則，即是要混合土地使用。
三	都市設計　1. 區域角度	·以區域為出發點管制都市發展型態。	·一個區域中心，配置密集的商業、文化及其他休閒活動或商業機能。 ·成長應由大眾運輸系統與緊密都市形式引導。
	2. 社區規劃	·多功能的社區機能。	·居住與工作設於同一區域。 ·非住宅機能，緊鄰捷運沿線。 ·多樣化住宅型態。 ·控制開發活動的連續性。 ·創造公共領域與人性尺度的建物。 ·混合使用與適宜步行的鄰里單元。
	3. 行人導向	·人本為主的街道設計，創造一個舒適、順暢的人行動線。	·提高人行道之服務品質，加行道樹、增加防風雨設施。 ·順暢車站與工作和住宅地點的行人動線。
四	管制　1. 建築管制	·提升街道景觀。	·建築線退縮、增加人行空間。
	2. 街道型態	·為便利與大眾運輸結合，提升效率。	·棋盤式街道。 ·較窄的巷道。 ·容許一或多條穿越性道路通過計劃區域。
	3. 停車限制	·鼓勵搭乘大眾運輸。	·市中心區限制小汽車停車，路外停車或移至建築物內。

資料來源：李家儂、賴宗裕（2005）。

第二節　TOD之規劃效益

　　本研究從複雜理論應用於都市發展的觀點，並與 UTLC 都市模式的相關文獻結合，探索出都市模式演變的脈絡，係朝向 TOD 都市模式邁進，本研究進一步在 TOD 都市模式相關文獻也發現，城市邁向 TOD 都市模式，尚需一個效益體系，以監控都市模式有成效地演變成 TOD 都市模式。緣此，本文從相關文獻綜整說明 TOD 都市模式之效益。

一、探討大眾運輸導向發展都市模式效益的源起

　　土地使用與交通運輸的整合演變出不同的都市模式。各種都市模式對都市內部產生不同正面效益與負面衝擊，影響層面包含環境保護、都市財政、經濟發展、公共建設，以至於都市居民的生活環境與意識型態。又當今世界各大城市以 AOD 為主要都市模式，其衍生之負面衝擊高於正面效益，為了紓解 AOD 所帶來之蔓延、汙染、安全與經濟課題，TOD 都市模式企圖將都市「導回」永續發展的願景，並讓「都市成長降溫」。

　　TOD 已成為土地使用與交通運輸整合的新都市模式。如 Cervero et al.（2004）透過實證研究指出，TOD 提升大眾運輸旅次、促進內都市的再發展與擴大生活型態的選擇性，Dittmar and Ohland（2004）歸納文獻指出，TOD 是促進區域經濟發展與健康成長的重要因素。TOD 具有多個面向的效益，不僅是提升大眾運輸的搭乘旅次數，還包含經濟成長、保護環境及增加社會的多樣性，其效益不僅於車站周邊，更擴及都市整個區域，以美國為例，許多城市以發展成為 TOD 都市模式為願景，提倡 TOD 的概念，也制訂許多方案，但事實上有很多城市未達到預定的成效（Renne et al., 2005），原因在於缺乏一個完整的「效益衡量」體系，以監控 TOD 都市模式在發展過程的成效。

二、TOD 模式之效益內涵

　　本研究將進一步彙整評估 TOD 效益內涵的相關文獻，包括從政策制訂者觀點與量性實證研究的歸納，整理出 TOD 發展應具備之效益內涵。

（一）政策制訂者的觀點

　　都市模式演變成 TOD 的型態，其效益包含層面，從諸多相關文獻中發現，TOD 整體的效益為何？由於缺乏一個共通的定義與認同，有鑑於此，Cervero et al.（2004）即從另一個觀點找出 TOD 的效益內涵，首先透過問卷調查的方式，從政策制訂者的角度研擬問卷，從相關部門受訪者的認知探討 TOD 會產生哪些影響，整理出六個面向是受訪者認為較重要的，包括：(1) 增加大眾運輸旅次數；(2) 改善鄰里生活品質；(3) 增加住宅多樣化選擇；(4) 增加大眾運輸政治支援；(5) 減緩蔓延；(6) 改善交通擁塞。影響內容若具有正面性，即隱含了 TOD 的內部效益，Cervero et al.（2004）進一步透過問卷之驗證，以質性方法的邏輯，歸納出 TOD 所應具備之效益，如下表 3.3 所示，共分為公益與私益，以及六個主要與十個次要效益。

　　Cervero et al.（2004）運用問卷調查的方法，以政策制訂者的角度來探討，企圖找出 TOD 共通的效益內涵，其分為二個層級關係，如表 3.3 與圖 3.2 所示，建構的美國 TOD 都市模式效益體系，又區分為公部門與私部門的效益，而這些效益間又將相互影響，形成相互影響結構關係，如主效益影響次效益，「1. 增加大眾運輸搭乘旅次數」的主效益，會影響「A. 減少交通擁塞與減低車英哩數」、「C. 減少蔓延」、「D. 減少道路擴張費用」與「G. 增加零售業的銷售」的次效益；另外，又如次效益影響次效益，「A. 減少交通擁塞與減低車英哩數」的次效益會影響「H. 增加勞工就業的可及性」的次效益，形成具有「層級性」與「相互影響關係」

的美國 TOD 都市模式效益體系。

表 3.3　以影響層級與公私部門為劃分的 TOD 效益內涵

效益層級	公、私部門的效益	
	公部門	私部門
主要效益	1. 增加大眾運輸搭乘旅次數與營運回收	5. 增加土地價值、地租與不動產績效
	2. 提供聯合開發的機會	6. 提高低價住宅的機會
	3. 復甦鄰里發展	
	4. 經濟發展	
次要效益	A.減少交通擁塞、減低車英哩數（VMT）成本，如汙染、石化資源的耗費	G.增加零售業的銷售
	B.增加財產價值與營業稅回收	H.增加勞工就業的可及性
	C.減少蔓延、保護開放空間	I. 減低停車成本
	D.減少道路擴張費用與其他設施的花費	J. 提高人們運動的機會
	E. 減少犯罪	
	F. 增加社會資本與公共投入	

資料來源：作者整理。

（二）TOD 效益之實證研究

　　前文歸納指出政策制訂者所認知的 TOD 都市模式效益，其屬於預期之效益，即政策制訂者預期 TOD 在該都市中應該具有之效益，然而 TOD 的都市模式在各大城市的雛形已漸成形，實質效益（即具體明確的效益）的探討也成為近年來主要的研究議題，探討 TOD 實質效益的相關文獻，皆從 TOD 都市模式型態的內部結構特徵為實證對象，根據每個特徵可能產生的效益進行實證研究。TOD 都市模式型態的內部結構特徵，可以用

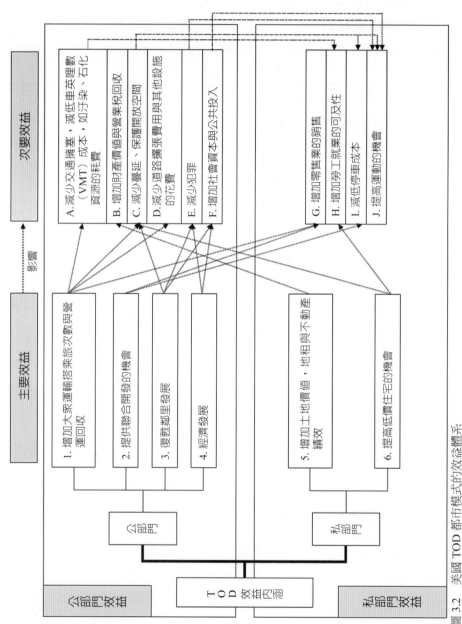

圖 3.2　美國 TOD 都市模式的效益體系

資料來源：作者整理。

4Ds 來說明：(1) 土地發展範圍（Distance）：以大眾運輸車站為核心，以步行可及為主要的土地開發與發展範圍；(2) 密度強度（Density）：大眾運輸車站周邊土地高強度使用；(3) 混合使用（Diversity）：大眾運輸車站周邊土地高度混合，結合居住、工作與休閒等機能；(4) 人行導向都市設計（Design）：人本為主的街道設計，具有舒適與順暢的人行動線。

　　TOD 都市模式特徵可以衍生哪些實質上的效益，本研究整理文獻如表 3.4 所示，實質效益內涵包括如下：促進地區經濟發展、提高地方財政的收益、提高土地利用效率與價值、促進公私合作開發以減低開發成本、提高搭乘大眾運輸的旅次數、刺激行人步行、減少私人運具旅次數、保護環境資源、刺激內都市再發展與提升運具選擇的公平性。

表 3.4　從相關實證研究歸納之 TOD 都市模式效益

模式特徵	實證議題	實證研究者	實質效益
土地發展範圍	提高 TOD 規劃區域數	Downs (1999) Iams and Kaplan (2006)	・促進經濟發展與地方成長 ・提高財政收益
	以車站為發展核心	Porter (1997)	・刺激中心商業區再發展
	離車站距離	Gray and Hoel (1992)	・離車站距離越近，搭乘大眾運輸意願越高
密度強度	提高住宅與就業密度	Moudon et al.(2005) Cervero & Kockelman (1997)	・刺激行人步行旅次，減少小汽車使用旅次數
		Nelson & Niles (1999)	・提高聯合開發的機會 ・促進公、私開發效益
		Porter (1998)	・增加私人開發意願並促進開發價值
		Quade and Douglas (1996)	・提高搭乘大眾運輸系統意願
	提高就業密度	Thompson (1999)	・增加大眾運輸的搭乘旅次數

模式特徵	實證議題	實證研究者	實質效益
混合使用	住宅與商業混合	Handy (1996a) Porter (1997)	・增加行人步行旅次 ・吸引商業聚集，促進地方經濟發展
		Nelson & Niles (1999)	・吸引行人步行 ・增加大眾運輸的搭乘旅次數
		Quade and INC. Douglas (1996)	・增加大眾運輸系統通勤旅次數
		McGuckin & Murakami (1999)	・女性大眾運輸旅次增加比例比男性大眾運輸旅次高
人行導向都市設計	都市結構發展設計	Belzer and Autler (2002)	・保護環境資源 ・創造城市內的環境品質
	格子型街道型態	Crane (1996, 1998) Crane & Crepeau (1998) Boarnet & Sarmiento (1998)	・刺激行人步行意願 ・增加可及性 ・減少私人汽車的使用
	市中心停車限制	Steiner (1998) Thompson (1999)	・減少私人汽車的使用 ・增加大眾運輸的搭乘數
	行人導向	Corbett and Zykofsky (1999)	・吸引商業聚集與發展 ・增加大眾運輸的搭乘數

資料來源：作者整理。

（三）TOD 效益之內涵

　　歸納如上相關文獻發現，實質效益可透過量化數據加以衡量，以獲知 TOD 都市模式在哪些層面具有「具體明確」的效益。若進一步比較政策制訂者所認知之預期效益與實質效益的內容，預期效益所包含的範圍較廣，其中效益內涵中涉及「社會層面」，抑或無法透過量化數據實證之部

分，多未出現於實質效益中，如：提高低價住宅機會、減少犯罪、增加社會資本以及提高運動機會。這些不屬於實質效益實證研究中的預期效益，一方面，說明目前尚無一個合適的計量方法可以合理地解釋「社會因素層面」的預期效益；另一方面，效益的成效實現需要時間性且成效具有「動態關係」，成效隨著時間在變動，實證研究不易在短時間內動態地衡量出具體的效益成效。但對於政策研議者而言，TOD 應具有的效益中，社會因素層面的效益內涵仍是可預期且受到重視。緣此，TOD 都市模式應包含各個層面的效益，而這些效益內涵具有層級關係、相互影響關係與動態關係，形成一個效益體系。緣此，本研究從相關文獻的整理探討，得到TOD 都市模式的效益體系具備如下之關係與內涵。

　　TOD 都市模式效益間的關係：(1) 效益間具有層級關係；(2) 效益間具有相互影響關係；(3) 效益產生與影響之程度，具有時間動態關係。

　　TOD 都市模式具有的效益內涵：(1) 環境保護；(2) 經濟發展；(3) 社會公平；(4) 區位效率；(5) 健康城市；(6) 提升環境品質；(7) 減低空氣汙染；(8) 保護開放空間；(9) 提高房地價值；(10) 減低財政支出；(11) 促進產業發展；(12) 減低年齡差異；(13) 減低所得差異；(14) 減低性別差異；(15) 降低旅行成本；(16) 提高交通可及；(17) 提高交通易行；(18) 提高身體健康；(19) 降低心理壓力；(20) 促進公共衛生。

第三節　TOD之實施手段

根據 Freilich（1998）、White et al（1999）、California Department of Transportation（2002）、蔡珮雯與賴宗裕（2001）及陳勝智（2001）的研究指出，TOD 在實際上實施時，可以透過如下五個手段進行。

一、特定區計劃（Special District Plan）

特定區計劃係由綜合土地使用計劃調整爲較小型計劃，可以利用較少成本，直接管制土地使用活動。再依據都市計劃法第九條內文：「都市計劃分爲三種：一、市（鎮）計劃；二、鄉街計劃；三、特定區計劃。」其中特定區計劃的意義，係爲特定目的而擬定之都市計劃；而都市計劃法第十二條內文規定：「爲發展工業或爲保持優美風景或因其他目的而劃定之特定地區，應擬定特定區計劃。」據此，未來捷運車站周圍土地之發展計劃可據都市計劃法相關規定，擬訂特定區計劃，給予土地使用特別規範，以發揮 TOD 所能帶來的預期效益。而捷運車站周邊土地之特定區計劃應結合土地使用計劃、交通運輸計劃、公共設施計劃，亦可透過其他各項輔助性策略以達到整體的發展目標，成爲一套有效率的都市發展機制。

二、計劃單元整體開發（Planned Unit Development, PUD）

計劃單元整體開發（Planned Unit Development, PUD）起源於 1960 年初期的美國，國內外著名學者亦對計劃單元整體開發之定義下了不同之註解，首先是 Babcock、McBride 及 Krasnowiecki 在州立法案中提及到：「計劃單元整體開發是一地區的地主或開發者自行管理。其開發主要是將許多的居住單元做一整體的開發，且其開發計劃不受現行分區使用管制規

則之限制（林將財與李繁彥，1993）。」PUD 意義界定爲具有多種居住的型態，有充分的開放空間，以及一個負責維護管理的社區委員會，並且是在一個特定的區域法規下所開發完成的。

　　在實務上，PUD 通常包含了大規模的面積，有時可到新市鎮的開發。它一般包括建築型式和使用的混合，而非單純的發展。它的開發是長期的，故一般採取分期逐斷開發方式，以便在長時間內，建築物配置及使用能配合需求、技術、資金或者觀念的改變而修正計劃（錢學陶，1990）。簡言之，將土地使用分區管制與土地細分規則應用於整區的土地上，而不按慣例應用到其中每一單獨基地上的住宅地區發展方式。

　　而 TOD 重要理念即是提高土地使用強度、混合土地使用及優質的都市設計，而落到實務執行面，PUD 將是一個執行的手段，使傳統土地使用管制，可以有更多的變化，諸如：密度、開放空間、土地使用、退縮線及其他設計元素和開發的時機及程序等。PUD 將允許在捷運車站周圍土地設計更有彈性，同時亦鼓勵聚集都會區大眾運輸導向發展之規劃模式發展，減少基本設施的需要和街道，藉此減少住宅單元成本，並且保留開放空間，它也提供了更大的機會再供給低成本住宅及傳統住宅，此外 PUD 的許可常需要計劃人員與開發者間的協商；PUD 亦比傳統的土地使用分區管制具有更大的彈性。因此，可配合上述特定區計劃的需要，讓土地能夠混合使用且和諧地發展。

三、開發協議（Development Agreements）

　　指在一特定時間地方政府與業者雙方協議，政府承諾任何計劃土地使用分區管制及相關法令不適用其開發案。相對地，業者可能同意去興建公共設施或盡開發義務，而這些可能不屬於地方政府依法授權的範圍之內。

　　開發協議是設計用來提供給土地開發審議過程中較大的確定性，又不

會影響到政府公權力的行使。開發協議的目的，在於提升土地整體開發效率，尊重市場機制，透過鬆綁協議當時之法規管制與規劃上之限制，而由開發者所提出之開發計劃取代僵硬的法定計劃內容，經由開發許可的審查過程，取得政府授與之開發權利，同時凍結協議後之政府任何法規管制上的立法或變更，以確實保障開發者既得之權利與開發期望；地方政府與開發者可就因開發、建造而成之特定課題，如公共設施之改善、美學等，達成一致的協議。

　　開發協議可以作為一種條件式分區管制效果，限制土地的特定使用及量體，要求捐贈公共設施，並可要求開發者於特定的時間內改善相關設施，使得地方政府自業者手中取得超過法律規定標準之公共設施及公共服務；開發協議的機制亦可與計劃單元開發以及資本門改善方案互相配合，使得政府與開發業者獲得雙贏的局面。

四、資本門改善計劃（Capital Improvement Program, CIP）

　　在 TOD 機制中，資本門改善計劃是被利用來加強大眾運輸設施的服務水準及服務範圍，可以使新興地區也能同時享受到大眾運輸設施的服務，通常是運用在以大型運輸設施為主幹的建設計劃中。資本門改善方案是一個多年度的資本門支出預算，基本上約 5 或 6 年期。資本門方案將實質建設需完成的事項結合在一起，並預測做迫切需要的資本門改善項目：「它們應座落在哪裡？」「在什麼時候應被提供？」以及「如何提供財政支出？」屬於地方政府透過中程財務規劃而使得年度預算與公部門投資、地方計劃密切結合的手段。

　　由於資本門改善方案強調地方政府財務多年性的前瞻與橫向業務單位間的優先次序的協調，所以一旦預算形成，資源之利用效率以及投資建設

實務的可行性均可望提高。換言之，資本門改善方案提供擴充公共系統之時間表與財務預算，可使得捷運場地周圍地區公共設施不足的問題獲得解決；此外，其亦可以幫助特定區提供足夠的公共設施或於開發協議的協商上來獲得政府部門所需的公共設施。資本門改善方案使政府在財政上有效地經營與支配稅收，並可確保公共設施之興建有計劃、有秩序地執行，亦能夠引起經濟發展的誘因，特別是與一個整體的再開發計劃結合。

五、聯合開發（Joint Development）

　　聯合開發，即為「聯合」與「開發」的意思。「聯合」為結合捷運設備（如車站）與鄰近土地使用，或是至公營捷運單位與私有土地開發者的結合；「開發」則指不動產（如房地產）開發，因此所謂的聯合開發即為結合大眾捷運設施與私有土地開發的房地產開發計劃，藉著公有與私有兩種資源的互相配合來達到公共部門與私人部門兩者皆受益的目標（張有恆，1994），意即聯合開發的理念是公私部門來共同從事不動產興闢事業，雙方共享利益、共擔風險（蔡珮雯與賴宗裕，2001）。

　　依據現行大眾捷運系統土地聯合開發辦法第三條第一款規定：「聯合開發係指地方主管機關依執行機關所定之計劃，與私人或團體合作開發大眾捷運系統場、站與路線土地及其毗鄰地區之土地，以有效利用土地資源之不動產興闢事業而言。」同條第二款規定：「聯合開發用地係指大眾捷運系統場、站與路線之土地及毗鄰地區之土地中，經劃定為聯合開發計劃範圍內供聯合開發使用之土地。」由於興建大眾運輸系統需要耗費相當財力與物力，對於公部門而言不啻是一項相當大的負擔，而聯合開發事實也為公部門提供一項解套措施。聯合開發乃結合公部門與私部門運作之優點，政府財政支出較少，並掌握土地開發的控制權，且能使土地整體而有效地利用，促進地區內的經濟發展，協助都市發展目標，亦有助於政府推

動公共建設，發揮公共效益。此外，藉由都市設計的手段，可減低運輸系統對環境造成的負面影響，同時也能夠增加開放性人行空間，形成以車站為中心的都市意象。

在 TOD 發展策略中，政府擁有發展管制的管轄權，但是公部門提供足夠的誘因吸引業者投資，促使業者與公部門共同開發運輸車站、車站周圍房地產以及運輸設施，企圖達到公部門與私部門共同經營獲利的結果。而就公部門而言，獲利之處可以用來償付運輸系統建設時的資金成本，降低開發案風險，或用以提升服務效率；而私部門則藉著車站周圍土地開發獲利，如香港地鐵公司，藉捷運營運，發展沿線土地。

第四章　大衆運輸整合建成環境之城市空間規劃

　　本章節內容係由作者多年鑽研於大衆運輸友善環境之成果所匯集而成，如「鄉村地區綠色運輸衡量指標之建構與評估：以宜蘭縣爲例，發表於都市與計劃（TSSCI），2015 年，第 42 卷，第 4 期，第 455-485 頁」，以及「以空間型構法則及步行導向理念檢視 TOD 區內土地使用配置的合理性，發表於運輸計劃季刊（TSSCI），2015 年，第 44 卷，第 1 期，第 1-24 頁」等。首先談及大衆運輸發展省思，並闡述 TOD 步行友善環境發展的重要性，從「都市」與「鄉村」尺度，分別進行於大衆運輸環境與衡量指標之探討，以此更進一步應用科學分析方法進行大衆運輸與土地使用之空間規劃與討論，最後從「規劃端供給角度」轉爲「民衆端需求角度」爲考量，以落實 TOD 步行友善環境規劃，藉此說明 TOD 規劃新思維之脈絡與架構。

第一節　綠色運輸衡量指標之建構與評估

　　我國當前的土地使用模式，以公路開發為基礎的發展型態，在面臨氣候變遷與全球暖化的課題下，都市卻呈現「反永續」、「高耗能」的土地使用與交通運輸發展型態，近十年，臺灣道路新建工程共增加約 4,000 公里，道路總長度成長幅度高達 16.85%（市區道路成長幅度更達約 60%），興建總成本高達約 1,300 億元，尚不計龐大的土地徵收費用。再者，臺灣地區近十年來機動車輛的總成長率亦高達 30%，事實上大量的興建道路，卻趕不上機動車輛的成長率，從 2001 年機動車輛密度為 89,926 輛／道路面積（km^2）到 2010 年的 109,113 輛／道路面積（km^2），擁擠程度成長了 21%。此外，2010 年陸上運輸各運具所占比重來看，公路客運中的市區道路客運數高達七成五。我國交通部門溫室氣體排放量近年來持續上升，公路占整體運輸部門排放量 85% 以上，預估 2025 年將較 1990 成長 4 倍多。

　　據此，近年來開始注重發展大眾運輸系統，如 1988 年公布的「大眾捷運法」與 2002 年的「發展大眾運輸條例」，但法條內容以至於相關方案，大眾運輸都未能與土地利用結合，而使得都市呈現土地利用引導大眾運輸運輸路網（Development-Oriented Transit）的型態。隨著臺灣可用土地取得困難，且民眾對於運具使用、運輸建設所導致的空氣汙染、能源消耗、生態環境等課題日益重，因此交通部將「發展綠色運輸系統」列為運輸部門節能減碳策略方向之一，其中「落實以綠色運輸系統為導向之土地使用規劃」為重要的行動計劃之一。此外，行政院於 2009 年提出「永續能源政策行動方案」，該方案之 2010 年工作項目共 371 項，編列經費 871.3 億元，在土地使用層面建議發展「低碳社區」與「低碳城市」，營造城鄉綠建築新景觀；在交通運輸面，則建立「低碳導向」的交通環境，加速自行車軟硬體的建設及強化公共運輸服務，發展綠色運輸的「生活網

絡」。過去雖然交通部運輸研究所有針對都市計劃階段之綠色運輸衡量指標進行探討，並研訂都市計劃案綠色運輸衡量指標，但隨著各類交通建設推展，各地所推行的捷運系統（包含 MRT、LRT、BRT 等）皆逐漸將服務範圍延伸到都市計劃地區以外的鄉村地區，因此全臺廣大的非都市土地亦需要有相應的指標，供未來規劃者研擬相關運輸建設時之參考。

　　除了都市以外，鄉村地區由於大眾運輸普及性較低，對於私人運具的依賴程度更是高於都市地區，然而鄉村地區所擁有的自然生態與環境資源，是都市地區所無法與之相比，但持續不斷地興闢道路，卻往往將這些資源消耗與破壞殆盡。為此，即便鄉村地區運輸需求較不如都市般強烈，但基於永續發展的理念，以及低碳導向的政策目標下，仍有必要發展綠色運輸，避免珍貴的自然資源持續遭到破壞而無法回復。綜觀前述許多相關文獻，絕大多是對於都市環境內的探討，並已有較具系統性的綠色運輸評估指標可供參考，但卻鮮少有將目標著重於非都市的鄉村地區。然而都市地區之指標，未必適合用於鄉村地區，例如高運量的大眾運輸，將會加深生態保育地區的破壞，違反永續發展的理念，非但沒有考量到綠色運輸應包含多種節能運具的整合規劃，亦未利用土地使用規劃手段調節交通運輸，將無法達到綠色運輸的目標，創造生態鄉村的基本意涵。

一、鄉村地區綠色運輸之規劃目標

　　鄉村地區發展綠色運輸具有先天條件上之限制，如需求不足、供給無法到位之問題，但為求達到城鄉發展均衡與永續發展目標，綠色運輸於鄉村地區落實具有必要性，又其中首要之規劃目標，如 Trappey（2012）、陳怡安（2009）等研究指出，整理如圖 4.1 所示，包括提升運輸節點居住人口、就業人口，提高大眾運輸、公共設施可及性，以及提升人本設計的街道系統，以服務高齡者居多之鄉村居民。

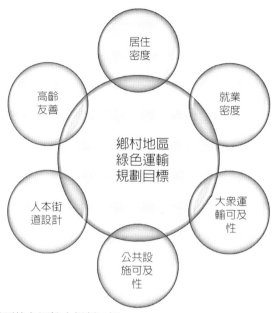

圖 4.1 鄉村地區綠色運輸之規劃目標

資料來源：作者整理。

二、鄉村地區綠色運輸效率衡量指標之建構

　　都市地區綠色運輸強調全面性發展並以能源效率、經濟效益與環境保護為目標，而鄉村地區綠色運輸則重視運輸節點之發展，重視使用者之需求，以提升搭乘大眾運輸、公共設施可及性為目標，以人本設計為發展策略。據此，本文將按此目標與意涵建構鄉村地區綠色運輸衡量指標，然而，過去之相關研究中，僅於交通部運輸研究所（2011）針對都市地區建構評估指標，該研究中回顧綠色運輸相關研究上百篇，並以 Cervero et al.（2009）之 5D（Density, Diversity, Design, Destination, Distance）為面向，歸納出可適用於綠色運輸之評估指標，如下表 4.1 所示。

表 4.1　綠色運輸衡量指標

綠色運輸衡量面向		可轉換衡量指標	指標數量
密度 （Density）		每單位面積的居住人口；每單位面積的就業人口；每單位面積及業人口；建築物所占用土地的百分比。	4
混合 （Diversity）		土地混合使用規模（0-1 規模）；住業均衡的比例；建築物總樓地板空間有兩種以上使用方式的比例；同一地點商業－零售土地使用的垂直混合比例；每單位面積內所擁有的零售商店、活動娛樂中心與公園的比例。	5
設計 （Design）	公園綠地	公園占總土地面積的比例；公園的平均規模（公頃）；連接道路安全島設置的百分比；交通號誌燈設置的密度；行道樹種植的密度。	5
	場所街道設計	交叉路口的數量；地段的平均面積大小；方形土地占總土地面積百分比；有出入口管制住宅的百分比；街道密度；各種路口的比例；自行車道密度；路線的方向性；道路的連接性；橋樑的數量；自行車雙向道直線長度；設置人行道、自行車道街區的比例；設置行道樹街區的比例；設置路燈街區的比例；平均坡度小於 5% 街區的比例；路燈之間設置的距離；商業區內付費停車場或路邊停車位的比例；公車專用道長度。	18
	安全性	行人天橋的數量；每年行人事故；主要幹道的汽車平均速度；每年車禍的死亡人數；犯罪率。	5
目的地可及性 （Destination Accessibility）		可到達學校、醫院、圖書館、購物中心、教堂、銀行等公共設施的數量；工作就業的可及性。	2
與節點距離 （Distance to Transit）		BRT（公車捷運系統）車站的數量；最短到 BRT 車站的距離；BRT 接駁車站的數量。	3

資料來源：交通部運輸研究所（2011）。

　　經過第一階段指標篩選，確立了 13 項綠色運輸衡量指標。第二階段問卷則應用自擬之 Grey-ANP 網絡分析法，針對評估指標分析出相對權重值，其指標系統如下圖 4.2；當中 G 表示第一層級：綠色運輸目標；D 表示第二層級：綠色運輸面相，即 5D 為指標系統五大面向；D1-1～D5-2 為第三層級：綠色運輸指標系統的各項指標。該項指標將進一步結合第三階段問卷，可評估所選鄉村地區之間，綠色運輸總目標之相對成效，亦可觀察分項指標在各鄉村地區之相對成效，分析之綠色運輸相對成效，可供城鄉規劃師進一步研擬發展策略之參考。

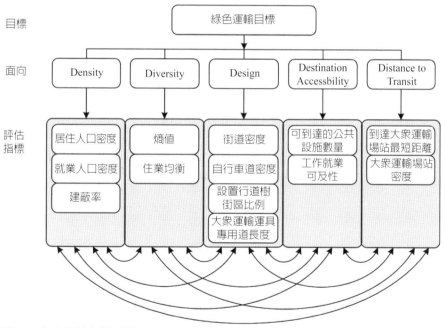

圖 4.2　綠色運輸指標系統

資料來源：作者整理。

三、灰色權重值與彈性決策分析

本文利用 Thomas L. Saaty 所開發之軟體 Super Decision 2.2.2 版進行計算，其軟體所顯現出本文問題的網絡結構，將專家學者填答完畢的灰色成對比較矩陣結果，輸入 Super Decision 軟體中，並透過該軟體計算權重值與一致性檢定，若 CI 值小於 0.1，該權重值符合一致性檢定，將留下來作為本文之參考，若無法通過檢定，則整份問卷剔除，本文所有受訪的有效問卷，每一個題目的一致性檢定皆有通過。運用 Super Decision 軟體，分別將回收之專家問卷當中各個項目所填答之權重比例上界、下界值，輸入軟體計算之後，得到灰色權重比例。指標「權重值」因為具有灰色空間，即提供規劃與決策彈性，政策調整後之全部權重值之敏感度變化，位於灰色空間內皆為最佳值，也即具有前文所指具有決策彈性之 Grey-ANP 方法。比原始進行政策調整之單一權重值敏感度分析，更具有全面性與綜合性，此為灰色權重值之特色。其中，下表 4.2 為第一層級與第二層級的權重分配情形，以目的地可及性面向之權重為最高、設計面向為最低，且此二面向權重上下差距不大，一致性高。

表 4.2　第一、二層及灰色權重表

第一層級	第二層級	灰色權重（％）
綠色運輸 （權重值為 1）	密度	[15.21～18.99]
	混合	[19.55～23.16]
	設計	[11.94～12.18]
	目的地可及性	[26.59～26.67]
	與大眾運輸距離	[19.06～26.71]

資料來源：作者整理。

進一步觀察 13 個指標所分配之權重，如下表 4.3 所示，其中建蔽率、

街道密度、自行車道密度、設置行道樹街區比例、大眾運輸運具專用道長度等五項指標，於兩組權重都低於 0.05，其重要度明顯低於其他指標；設計面向雖於第一階段時篩選出最多選項，但第二層級之權重值於二組皆已最低，至第三層級的四項衡量指標權則同樣普遍偏低。

13 項指標當中，「可到達的公共設施數量」權重排序第一，是鄉村地區首重綠色運輸指標，二至五位依序為「工作就業可及性」、「到達大眾運輸場站最短距離」、「熵值」、「大眾運輸場站密度」。由於運輸行為之主要目的，多為就業、就學通勤，以及對於休閒娛樂需求，此結果說明了鄉村地區也不例外，除了需要有充足的公共設施，從土地面調節交通運輸，提供充足的設施與適度的多元使用外，並應加強與都市地區的連結與交通轉乘的便利性，便於民眾通勤，可以降低私人運具的旅次數，提升步行與腳踏車的使用率，達到綠色運輸的規劃目標。

在灰色理論之應用與計算中，本文也應用了白值，以方便觀察數據間之大小、順序，如 D4-2「工作就業可及性」其灰色權重值為 [10.90～15.58]、而 D5-1「到達大眾運輸場站最短距離」其灰色權重值為 [12.34～13.62]，其中 D4-2 之下限比 D5-1 小，但是上限比 D5-1 大，尤其較難觀察出二個指標的概觀相對重要性，故方採運用白值，從白值之觀察，可以發現「工作就業可及性」為 13.24，「到達大眾運輸場站最短距離」為 12.98，以概觀來說，「工作就業可及性」比「到達大眾運輸場站最短距離」較重要。

但實際灰值之運用，應交由城鄉規劃師與政府決策者，因應各縣市發展需求在「灰數範圍」內改變，如決策者可以選擇「工作就業可及性」之權重值為 12，選擇「到達大眾運輸場站最短距離」之權重值為 13，此即為「決策彈性」，在決策者之選擇之下，「到達大眾運輸場站最短距離」比「工作就業可及性」重要，此即為 Grey-ANP 方法所具有之「決策彈性」評估。

表 4.3　鄉村地區綠色運輸灰色權重與白值對照表

	第二層級	衡量指標	灰色權重	白值	排序
綠色運輸	密度	居住人口密度	[6.62～9.74]	8.18	7
		就業人口密度	[6.13～6.78]	6.46	8
		建蔽率	[2.46～2.46]	2.46	13
	混合	熵值	[10.27～13.49]	11.88	4
		住業均衡	[9.28～9.66]	9.47	6
	設計	街道密度	[2.74～3.18]	2.96	10
		自行車道密度	[2.66～3.11]	2.89	12
		設置行道樹街區比例	[3.22～3.37]	3.30	9
		大眾運輸運具專用道長度	[2.68～3.17]	2.93	11
	目的地可及性	可到達的公共設施數量	[11.01～15.71]	13.36	1
		工作就業可及性	[10.90～15.58]	13.24	2
	與大眾運輸距離遠近	到達大眾運輸場站最短距離	[12.34～13.62]	12.98	3
		大眾運輸場站密度	[6.72～13.09]	9.91	5

註：白值為灰色權重值之中位數，白數計算可供權重排序參考。

資料來源：作者整理。

四、實證應用

　　本文將已建構之鄉村地區綠色運輸指標，應用在實際鄉村中評估，故透過第三階段問卷之設計，並以宜蘭縣礁溪鄉、壯圍鄉、五結鄉，與冬山鄉為例，進行鄉村地區綠色運輸效能評估，並提出發展策略。

　　本文於第三階段問卷係採用 AHP 方法中之「成對比較法」，可以評估單一指標多個方案的優先順序，故為多準則評估中最常見、最具有應用性之研究方法，亦可整合前階段應用 Grey-ANP 方法所計算出來之指標與權重，故本文方採用此方法進行評估。本文採用三階段之專家學者問卷，

就研究方法應用上，具有客觀性，於初期研究之設計時，考量到文獻回顧中共有 52 個指標必須進行篩選，各採第一階段專家問卷，必須賦予權重，故採第二階段問卷，必須進行評估，故採第三階段問卷，其原因係可整合三階段之問卷，使其具有一致性，亦可避免指標運算的幾個實際問題如下：(1) 衡量指標之數據收集不易，往往可能需要實際調查方可獲得；(2) 指標有可能為質性指標無法衡量出確切數據；(3) 指標衡量單位不一、數量大小不同，無法整合指標進行一個評估分數。

　　此部分以問卷方式，由宜蘭縣政府建設處城鄉科、交通科相關人員，依據其業務執行上之專業和經驗，比較各項指標於四個鄉鎮的實際情況，有效問卷共計有 5 份。將問卷結果以 AHP 方式，計算得到各項指標於不同鄉鎮的比例，乘上綠色運輸指標權重，得到四鄉鎮現況綠色運輸之積分。在尚未乘上灰色權重值計算，代表此四個評估鄉村地區在綠色運輸單一指標表現的相對重要性，如下表 4.4 所示，單看「居住人口密度」之表現指標，礁溪鄉優於五結鄉、冬山鄉及壯圍鄉。又以「大眾運輸場站密度」指標為例，礁溪鄉優於冬山鄉，且優於 1.25 倍之程度（$0.3571 \div 0.2857 \cong 1.25$）。

表 4.4　綠色運輸指標於四個鄉鎮之程度比

綠色運輸指標		礁溪鄉	五結鄉	壯圍鄉	冬山鄉
D1-1	居住人口密度	0.3125	0.2500	0.1875	0.2500
D1-2	就業人口密度	0.2632	0.3158	0.1579	0.2632
D1-3	建蔽率	0.3158	0.2632	0.1579	0.2632
D2-1	熵值	0.3125	0.2500	0.1875	0.2500
D2-2	住業均衡	0.2500	0.3125	0.1875	0.2500
D3-1	街道密度	0.3125	0.2500	0.1875	0.2500
D3-2	自行車道密度	0.1739	0.2609	0.2609	0.3043

綠色運輸指標		礁溪鄉	五結鄉	壯圍鄉	冬山鄉
D3-3	設置行道樹街區比例	0.2500	0.2500	0.2500	0.2500
D3-4	大眾運輸運具專用道長度	0.2500	0.2500	0.2500	0.2500
D4-1	可到達的公共設施數量	0.2500	0.3000	0.1500	0.3000
D4-2	工作就業可及性	0.2778	0.3333	0.1667	0.2222
D5-1	到達大眾運輸場站的最短距離	0.2941	0.2353	0.1765	0.2941
D5-2	大眾運輸場站密度	0.3571	0.2143	0.1429	0.2857

資料來源：作者整理。

　　由下表 4.5 則將各項指標比例乘上各指標權重，計算得到此四鄉鎮之綠色運輸灰色範圍與積分當中之白值，探討綠色運輸積分之排序，其中礁溪鄉 28.47 分為最高，其次為五結鄉 27.31 分、冬山鄉 26.50 分，而壯圍鄉 17.72 分則明顯低於其他三鄉鎮。但實際觀察期灰色空間範圍，如礁溪鄉綠色運輸程度為 [24.59～32.34]，數據顯示礁溪鄉最高之綠色運輸程度積分可達 32.34、最低也有 24.59，從分項指標來觀察，最重要的前三項指標，第一重要的 D4-1：可到達的公共設施數量評分，五結鄉、冬山鄉卻優於礁溪鄉；第二重要的 D4-2：工作就業可及性，五結鄉優於礁溪鄉；礁溪鄉僅在第三重要指標 D5-1：到達大眾運輸場站最短距離，名列第一。換言之，礁溪鄉雖然在整體綠色運輸程度名列第一，但仍有需要進一步改進之地方，如提升公共設施之服務品質與數量，以及提升礁溪鄉就業人口，提供多元之產業，以利當地居民可以於當地服務，減低對私人運具之依賴。

　　由此實證可得知，四個鄉鎮皆為宜蘭縣發展核心周邊的衛星型鄉村地區，現況而言以礁溪鄉綠色運輸發展較好，但與五結鄉、冬山鄉的差距並不明顯，壯圍鄉的綠色運輸發展情形則較差。觀察實際交通環境，自行車道系統除冬山鄉外，其餘皆相去不遠；礁溪之鐵、公路條件較其他鄉鎮為

表 4.5　四鄉鎮綠色運輸權重與積分表

衡量指標		灰色權重	白值	礁溪鄉 灰色權重	礁溪鄉 白值	五結鄉 灰色權重	五結鄉 白值	壯圍鄉 灰色權重	壯圍鄉 白值	冬山鄉 灰色權重	冬山鄉 白值
D1-1	居住人口密度	[6.62~9.74]	8.18	[2.07~3.04]	2.56	[1.66~2.44]	2.05	[1.24~1.83]	1.53	[1.66~2.44]	2.05
D1-2	就業人口密度	[6.13~6.78]	6.46	[1.61~1.78]	1.70	[1.94~2.14]	2.04	[0.97~1.07]	1.02	[1.61~1.78]	1.70
D1-3	建蔽率	[2.46~2.46]	2.46	[0.78~0.78]	0.78	[0.65~0.65]	0.65	[0.39~0.39]	0.39	[0.65~0.65]	0.65
D2-1	熵值	[10.27~13.49]	11.88	[3.21~4.22]	3.71	[2.57~3.37]	2.97	[1.93~2.53]	2.23	[2.57~3.37]	2.97
D2-2	住業均衡	[9.28~9.66]	9.47	[2.32~2.42]	2.37	[2.90~3.02]	2.96	[1.74~1.81]	1.78	[2.32~2.42]	2.37
D3-1	街道密度	[2.74~3.18]	2.96	[0.86~0.99]	0.93	[0.69~0.80]	0.74	[0.51~0.60]	0.56	[0.69~0.80]	0.74
D3-2	自行車道密度	[2.66~3.11]	2.89	[0.46~0.54]	0.50	[0.69~0.81]	0.75	[0.69~0.81]	0.75	[0.81~0.95]	0.88
D3-3	設置行道樹街區比例	[3.22~3.37]	3.30	[0.81~0.84]	0.82	[0.81~0.84]	0.82	[0.81~0.84]	0.82	[0.81~0.84]	0.82
D3-4	大眾運輸運具專用道長度	[2.68~3.17]	2.93	[0.67~0.79]	0.73	[0.67~0.79]	0.73	[0.67~0.79]	0.73	[0.79~0.67]	0.73
D4-1	可到達的公共設施數量	[11.01~15.71]	13.36	[2.75~3.93]	3.34	[3.30~4.71]	4.01	[1.65~2.36]	2.00	[3.30~4.71]	4.01
D4-2	工作就業可及性	[10.90~15.58]	13.24	[3.03~4.33]	3.68	[3.63~5.19]	4.41	[1.82~2.60]	2.21	[3.46~2.42]	2.94
D5-1	到達大眾運輸場站最短距離	[12.34~13.62]	12.98	[3.63~4.01]	3.82	[2.90~3.20]	3.05	[2.18~2.40]	2.29	[4.01~3.63]	3.82
D5-2	大眾運輸場站密度	[6.72~13.09]	9.91	[2.40~4.67]	3.54	[1.44~2.81]	2.12	[0.96~1.87]	1.42	[3.74~1.92]	2.83
小計				[24.59~32.34]	28.47	[23.84~30.77]	27.31	[15.55~19.90]	17.72	[23.05~29.95]	26.50

資料來源：作者整理。

優；五結與冬山互有優劣，但五結鄉除鐵路設站較冬山鄉多，亦有國道客運設站（冬山鄉則無），則五結鄉略優於冬山鄉；壯圍鄉於相關運輸發展上則明顯遜於其他鄉鎮。由此觀之，本文之實證結果，亦與實際之交通發展趨勢相同。本文針對鄉村地區發展綠色運輸易面臨之課題，提出五個面向及十個綠色運輸發展策略。

表 4.6　鄉村地區綠色運輸發展策略

面向／權重		對策
D1	密度 [15.21～18.99]	1. 提高大眾運輸走廊之密度：於大眾運輸車站周邊提高土地使用強度，並向外逐漸減少密度。 2. 引導鄉村產業聚集於大眾運輸廊帶：為達到運輸效率與產業發展的雙重目標，應以大眾運輸車站為中心，引導產業聚集，越接近車站聚集程度越高，成為「經濟與運輸」走廊共構型態。
D2	混合 [19.55～23.16]	1. 環境相容與使用關聯之混合土地使用：「環境相容」與「使用關聯」的混合土地使用，係以大眾運輸路網為土地使用混合區位，以各種活動量依據站區發展定位進行土地使用的和諧混合，以提高大眾運輸節點周邊的活動量，增加各種土地使用連結的便利性。 2. 發展鄉村地區與農業特色：發揮創造力，車站就足夠成為社區的焦點，設計應能夠結合社區居民的文化、意見，使其車站成為社區的一部分，形成認同感，提升周邊環境之多元性，使運輸車站成為居民生活的核心。
D3	設計 [11.94～12.18]	1. 引進新都市主義之觀點：結合都市設計與建築藝術進行都市環境的改造。從「人」的日常行為設計之出發點，建立安全、多樣、適合步行的社區。 2. 街樹和其他形式的地景提供了一個愉悅的緩都市環境。步道可混入自然特徵於設計中，使街景更有生氣。街樹種植在人行道和道路之間，可以緩衝行人和車輛，也提供行人夏天可以遮蔭的地方。

面向／權重	對策
D4　目的地可及性 [26.59～26.67]	1. 建立鄉村開發診斷機制：隨時進行土地開發、環境衛生、景觀品質、公共設施、公共安全等問題之監測診斷，建立地區環境病歷表，以作爲都市政府機動解決問題及施政優先順序之依據。 2. 改善鄉村中心環境品質：改造鄉村中心購物商圈，建構可及性高而便利的交通系統，提供誘因與稅賦減免方案，以吸引產業投資，提升就業機會。
D5　與大眾運輸的距離 [19.06～26.71]	1. 鄰近地區和車站應有便利的行人道連接：(1) 提供一個便利的步行連結系統：路網最基本的是提供行人和騎腳踏車的人可以便利到不同目的地，從事各項活動；(2) 保證一個連續的街道和路網：增加行人和騎腳踏車的人，便利、舒適地到達運輸車站。 2. 建物入口和車站之間的距離應最小化：臺灣大多數建築物是以一種顧客爲主的理念而設計，就是以汽車到達門口的服務。建築物設計不只用來滿足開車者，而更應顧及大眾運輸的搭乘者、行人和騎腳踏車的人。

資料來源：作者整理。

第二節　以步行導向理念檢視TOD區內土地使用配置的合理性

　　從國外對於 TOD 的研究能發現，其發展基礎係建立在民眾願意改變運具選擇，進而使用步行搭乘大眾運輸，其中，TOD 不斷強調如何提升大眾運輸旅次與降低私人運具，乃因其所能衍生的眾多效益，需要透過民眾步行以支持效益的延續。倘若民眾僅使用私人運具在都市中快速移動，那麼就只是被動地在片斷而不連續的都市地理中朝著目的地邁進，此時都市空間本身也將失去吸引力。若長期對於步行環境與步行路網的忽視，將使得人們在移動的過程中，只想快速穿過這個都市空間，而不想停留與注意這塊空間，對於周遭環境變化也就漠不關心，自然也就無法促進經濟活絡，更無法達到 TOD 發展之理念，屆時私人運具之使用所帶來的方便性雖能減少物理上的距離限制，但卻也大為減少了人與人之間的互動機會，而增加人們心理上的距離。緣此，如何塑造出良好的步行環境，成為都市發展與落實 TOD 理念的首要議題。

　　再從近年來臺灣發展 TOD 的過程觀之，其傳統 TOD 規劃僅強調放射狀之土地使用規劃，而將距離捷運場站 300 公尺內之土地提高使用密度，然後逐漸降低土地使用密度，以刺激民眾集中到中心地區活動，並藉此提升大眾運輸旅次；卻忽略了民眾移動的方式與過程是需要連貫的考量，導致多數人仍然使用私人運具前往捷運場站或放棄選擇使用大眾運輸運具。然而，此方法乃單方面的提高土地使用強度，即認定會影響民眾步行意願，尚停留在規劃者的想法，並未考量民眾步行的真正需求。如土地使用密度較高的地區，但周圍步行環境狹窄不易通行，反而大為降低民眾前往之意願，可見未著重空間的吸引力與步行友善的空間營造。而當前國內 TOD 相關研究多屬實證模型，尚缺乏理論基礎，亦僅停留在評估地區的規劃是否符合 TOD 發展理念與面向，但對於 TOD 區周圍的土地使用

該如何配置、如何與步行環境相整合，以及如何實際操作才能將 TOD 發展成效加以落實的研究仍有欠缺，導致當前臺灣 TOD 區內之土地使用配置，取決於距離車站 300 公尺或 500 公尺的空間距離因素，進而衍生出許多土地發展的議題。

一、研究設計與變數說明

本文以空間型構法則（Space Syntax）之理論為基礎，並分析 TOD 區內的步行便捷程度（公式如下表 4.7），探討 TOD 環境中人的流動與周圍土地使用配置的關係，從此過程中瞭解 TOD 既有的發展模式是否能符合 TOD 發展理念，並從其理論觀點，即越便捷人群越易群聚，而土地使用強度應配合提高以符合需求，以期營造出更為友善的 TOD 環境。本文以板橋車站為實例研究，討論新板特區的土地使用規劃是否符合民眾步行的需求，進而檢討現行 TOD 規劃是否合理。

表 4.7　Space Syntax 分析參數說明表

變數名稱	公式	代表意義	變數說明
連接值（Connectivity）	$C_i = k$	k = 與（i）點直接連接的點數目。為一條直線與其他直線相交之節點數。	數值越高，代表可與之直接連通的空間越多，可及性越強。
控制值（Control Value）	$Ctrl_i = \sum_{j=1}^{k} \frac{1}{C_j}$	與（i）點直接連接的點，i 到 j 之連接值的倒數總和。表該直線與其他直線直接連接的連接值之倒數總和。	表示該點對鄰點之控制程度，其值由鄰點而來。數值越高表該空間對鄰接空間之控制度高；可視為控制鄰點進出之數值。

變數名稱	公式	代表意義	變數說明
深度值 （Dept）	$D_i = \sum\limits_{j=1}^{n} d_{ij}$	d_{ij} 為 i 點到 j 點的最短路徑。為該點所居位置的可及性。	為一中間參數；可對兩不同路網之深度進行比較。
平均 相對深度值 （Mean Dept）	$MD_i = \dfrac{\sum_{j=1}^{n} d_{ij}}{n-1}$	$n=$ 點的個數。為該點所居位置的可及性之比較值。	為一中間參數；可對兩不同路網之平均深度進行比較。
全區便捷值 （Global）	$RA_i = \dfrac{2(MD_i - 1)}{n-2}$	值越小，代表該空間具位於系統中較便捷之位置，且該空間與整個系統具較高的整合性。	考量某空間與其他所有空間的關係（有別於連接度、控制值僅考慮相鄰之空間）；數值越大表該空間在整體空間系統中所處之位置越便捷、公共性越高，相對被造訪的機會也越多。
	$RRA_i = \dfrac{RA_i}{D_i}$	透過 D_i 之標準化，處理當系統中空間個數增加時，平均深度相對減少，使不同大小系統無法比較之問題。	
	$D_i = \dfrac{2\{n[\log_2((n+2)/3 - 1) + 1]\}}{[(n-1)(n-2)]}$	用於標準化集成度。	
	$R_i = \dfrac{1}{RRA_i}$	表示該點居「整體性」系統中之可及程度。數值越大，表示該系統之便捷性越高。	

變數名稱	公式	代表意義	變數說明
地區便捷值（Local）	以三步距離計算深度，再代入 MD 與 RA 公式中	表示該點居「地方性」系統中之可及程度。數值越大，表示該地區之便捷性越高。	其計算方法與全區便捷值類似。差異為以「三步之距離」（即連接圖中相隔三個節點）為計算範圍。

資料來源：謝翊楷（2019）；作者整理。

二、實例研究分析

　　本文以新板特區為研究對象，並以場站周圍 500 公尺範圍內之步行路網與土地使用為研究範圍，如下圖 4.3（圓框部分），但為保路網結構之完整性，將以下圖 4.3（不規則框部分）為分析單元。首先，將路網結構轉換成軸線圖，共可分為 39 個分析單元，一般道路為 1 至 20 單元，其中單元 1 之路段名稱為縣民大道，係車站主要出入口，因此以該單元為根節點加以計算，最後，透過連接圖進行新板特區的空間型構相關分析，其相關空間量化分析結果，請詳見下表 4.8。

　　依據本文實證分析所產出之結果，僅討論一般道路（分析單元 21 至 39），依其空間整合度、路網特性與板橋都市計劃之平均法定容積率，進行場站周邊土地使用配置討論，其分析結果彙整如下表 4.8 所示。

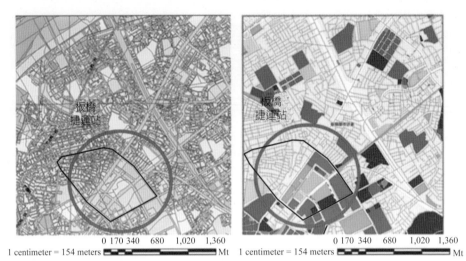

圖 4.3　板橋捷運站 500 公尺範圍之步行路網與土地使用現況圖

資料來源：李家儂、謝翊楷（2015）。

表 4.8　步行路網空間分析結果表

範圍	單元	連接值	平均法定容積率（%）	地區相對便捷值（R_3）	路名
300m	①	10	500	4.58496	縣民大道二段
	③	2	450	2.92415	縣民大道二段至站前路（短程客運站）
	④	10	400	4.57823	新府路
	⑤	7	450	3.88456	新站路
	⑥	2	450	2.92415	站前路（長程客運站）
	⑨	7	500	4.29665	站前路
	⑩	3	450	3.09992	站前路至文化路一段
	⑪	9	450	4.43550	文化路一段
平均	**8**	**6.25**	**456.25**	**3.84102**	**300 公尺範圍內**

範圍	單元	連接值	平均法定容積率（%）	地區相對便捷值（R_3）	路名
500m	②	5	400	3.76986	民權路
	⑦	8	400	4.54639	漢生東路、漢生西路、國光路
	⑧	6	270	3.75208	中山路一段
	⑫	5	300	4.08989	光正街、建國街
	⑬	5	300	3.44592	光正街至光正街45巷
	⑭	7	300	3.88771	公館街
	⑮	4	300	3.44828	復興街至民權路202巷
	⑯	9	300	4.21169	國光路至民權路260巷
	⑰	4	300	3.29610	民權路260巷9弄
	⑱	6	300	3.90856	民權路202巷13弄至民權路302巷
	⑲	7	300	3.82654	建國街
	⑳	3	300	3.16731	中正路
平均	12	5.75	314.16	3.77919	300公尺範圍外

資料來源：李家儂、謝翊楷（2015）。

　　本文先以300公尺為範圍，檢視板橋車站平均法定容積之配置，其呈現出容積配置係以車站為核心，隨著距離逐漸遞減，即越接近車站容積越高，而此為傳統 TOD 規劃手段，即刺激民眾集中到車站地區活動，並藉此提升大眾運輸旅次。然而，依據本文實例分析所得之結果（如下圖4.4），發現對民眾步行需求與整體路網結構而言，並非越接近車站越便利，如分析單元3、6其位於300公尺範圍內且鄰近車站，其地區便捷值卻僅呈現出2.924，比在500公尺範圍外的單元20更為不便捷，但其平均法定容積卻高達450%，若以此傳統規劃手段發展，雖然實際物理空間距離較短，但是步行難度卻提高且步行時間增長，僅係以規劃者角度而忽略民眾步行需求，勢必降低民眾步行意願，轉而改用非大眾運輸工具。

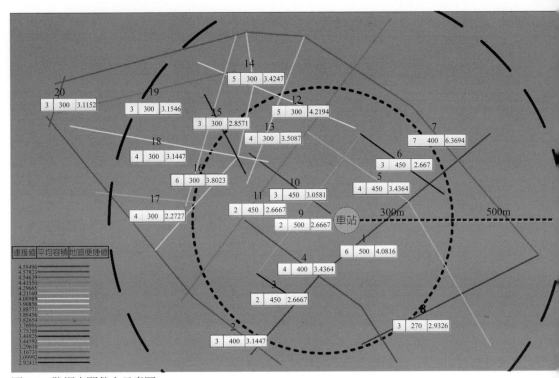

圖 4.4　路網空間整合示意圖

資料來源：李家儂、謝翊楷（2015）。

三、結果討論

（一）步行路網便捷值與土地使用密度的關係

　　板橋站 400～500 公尺範圍之土地使用，以住宅區面積為主，但因早於車站之設置，且在早期未妥善規劃的情況下，導致路網較為破碎不完整，而呈現面狀的發展，使該地區之住商混合比例較低，也因此步行路網之分布較為密集，計算後之地區便捷值則分散於各住宅區內，使之在空間型態分布上，仍以步行道路為主，並呈現該地區之控制值高於車站核心。而 200～300 公尺之範圍，則為高密度發展的商業區與高級住宅區，但依

本文分析，該範圍之步行道路於整體路網中之便捷值卻較為不足，如單元3、6 與單元 8。此外，車站基地 100 公尺範圍內多為綠化之開放空間，且車行道路較少，便捷值較高，但卻呈現發展程度較低的現象。

（二）從步行路網便捷值檢討現行的 TOD 土地使用設計理念

從板橋站 500 公尺範圍內之土地使用現況可看出，當前商業多集中於便捷值較低之單元 8（中山路一段）發展。雖然此土地使用配置能產生步行誘因，使民眾因為消費需求而移動到該地區，進而提升大眾運輸之旅次；但礙於相對便捷性不佳，易降低民眾前往消費之意願，或造成民眾選擇私人機動運具前往之機會提高，反與 TOD 理念背道而馳。然而，若以空間型構法則之理論，並依據分析之結果作為土地使用配置之參考，則能充分考量路網特性，且以整體之角度，反應到民眾個體之步行需求。因此，應提高具較高相對便捷值的單元 11（文化路一段）與單元 12（光正街）之商業發展，並提高土地使用密度，亦能藉此加強該 TOD 環境之土地混合使用與高密度發展等設計特徵；此外，單元 16 之相對便捷值雖居中，但卻具有較高之連接值與控制值（2.218），且地理位置位於住宅區內，可設置為公園綠地等公共開放空間，以調節土地使用之豐富度。而單元 20 雖距離車站核心最遠，其相對便捷值甚至比單元 3、6、10 等路段都還要高，且與單元 7 僅一步之遙，可見從該路段前往至捷運場站尚屬便捷，可提高該地區之土地使用強度，並多設置公車轉乘系統，以接駁民眾至捷運場站，而該路線較不複雜之特性，則利於市區公車行駛，並能藉此減少能源消耗、降低交通擁擠等。

（三）傳統 TOD 發展規劃思維與步行導向規劃思維

TOD 雖然提供一套可行的設計準則，但對規劃者而言，卻僅能以此

TOD 理念為基礎來監控 TOD 的發展，如此在人口密集以及寸土寸金的臺北都會區，即使無所作為亦能輕易達到 TOD 的設計準則，以至產生有捷運建設就等於 TOD 發展的謬思，但該如何在實際規劃過程中，妥善考量與適宜地配置其代表內涵，如從傳統 TOD 規劃思維（如下圖 4.5-a）中，可看出其規劃手段僅強調放射狀之土地使用規劃，而將距離捷運場站 300 公尺內之土地提高使用密度，然後逐漸降低土地使用密度，使其成為發展核心，以刺激民眾集中到中心地區活動，卻也忽略了民眾移動的方式與過程，其周圍土地使用在利益最大化的配置下，且不考量民眾步行過程是否便捷與順暢，已導致多數人仍然使用私人運具前往捷運場站或放棄選擇使用大眾運輸運具等現象。再從步行導向規劃思維（如下圖 4.5-b）中，便能發現明顯不同之處，其土地使用配置不僅具有理論基礎，更能透過一連串的空間量測變數加以進行分析，使其在土地使用配置過程中能考量民眾移動過程，並能依據便捷值的高低來決定發展強弱，可見空間型構法則係能提供不同於以往的規劃思維。綜上所述，其傳統 TOD 規劃思維存在著隱憂，而步行導向規劃思維，能使臺灣 TOD 發展跳脫傳統且單調的規劃方式，進而使 TOD 規劃能更具適地性與合理性。

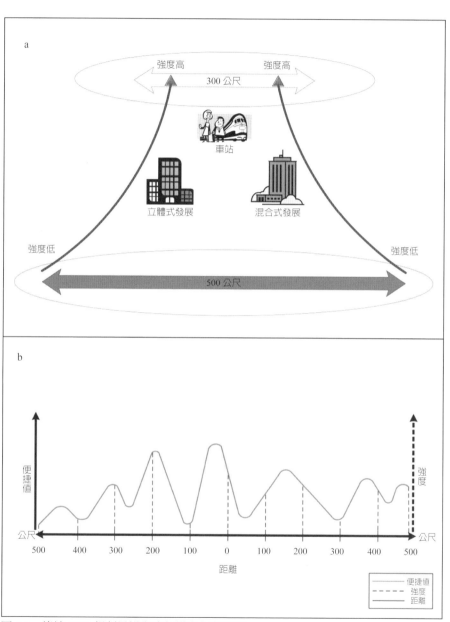

圖 4.5 傳統 TOD 規劃思維與步行導向規劃思維

資料來源：李家儂、謝翊楷（2015）。

第五章　案例討論及TOD準則

第一節　臺北市大眾運輸導向可申請開發許可地區細部計劃案[1]

一、臺北市都市發展及大眾運輸導向發展之現況

臺北市的都市發展型態、都市活動與空間結構均沿著交通運輸節點、走廊及區域流動發展，都市發展以高強度及高密度及土地混合使用模式，朝東西雙核心發展，都市發展歷程則大致由臺北西側向東側漸次發展，各階段分述如下：

（一）民國前 21 年，河運時代、河港市街

民國前 21 年（1891 年）的淡水河河運時代，市街發展明顯以河岸為依歸，傍河而生的艋舺與大稻埕，碼頭肩負對外貿易運輸功能成為聚落核心；而主要市街與碼頭、河岸平行，市街活動平行河道流動，並以橫巷連通市街與碼頭。此時聚落內交通以步行為主，聚落尺度規模小，當時迪化街市街長約 1 公里，寬約 600 公尺，主要為一個步行可達的距離範圍內。民國前 25 年（1887 年）臺灣府城設立之初，劉銘傳從上海購進人力車 150 輛，行駛於城內、艋舺和大稻埕之間，於是臺北有了第一批「準公共運輸」系統，「三市街」間的空間連結度增強。

（二）民國前 21 年—民國 34 年，城市中心隨軌道移到北車周邊

民國前 21 年（1891 年）大稻埕至基隆的鐵路通車，民國前 19 年（1893 年）延伸到新竹。日治時期西部縱貫鐵路全面興建，串連市郊的淡水線、

---

[1] 資料來源：節錄自臺北市政府（2019），臺北市都市計劃書：擬定臺北市大眾運輸導向可申請開發許可地區細部計劃案，民國108年1月24日府都綜字第10720254091號公告發布實施。

新店線等支線鐵路亦陸續通車，鐵路成為臺北對外交通工具；城內各式機動交通工具諸如自行車、汽車開始出現，民國 19 年成立「臺北市營公車」，為臺北公共運輸之濫觴，公車路線以臺北 （臺北車站）為中心，輻射狀連接萬華、臺北橋、圓山與東門等周邊據點，公車平均每日載運乘客約一萬人，發展到民國 26 年為巔峰，有 14 條路線，120 輛車提供服務。

此時雖然大部分城內的流動動力仍以步行為主，然而交通運具帶來貨物、人潮流動型態改變與效率提升，擴大了都市核心的範疇，明顯在臺北車站周邊有了較高的都市活動，至國民政府遷臺初期，臺北主要商業區開始由艋舺及大稻埕往北往南挪移至站區周邊。

（三）民國 34 年─民國 70 年，城市活動隨主幹道迅速往東擴展

隨著時代滾動帶來的工業化，移動動力進入一個高機動性的模式，也加大市民移動的距離及效率，公車之外，摩托車、汽車在此際大幅成長，主要的商業核心已從河邊來到了臺北火車站周邊，促使站前及西門町周邊的商業日益熱絡繁華。同年代都市計劃也以汽車發展的思維進行擘畫，逐步往東擴張。

民國 56 年臺北市升格為直轄市，臺北人口在民國 60 年至 80 年間急速增加，並於民國 80 年達到巔峰 271 萬人，市區商業沿著東西向主要道路向東發展，忠孝東路三、四段路線商業區快速形成商圈，至民國 80 年，西門町商圈及忠孝頂好商圈成為當時最夯的商圈，後者逐漸取代西區成為城市主要之商業中心。

此時市區公共交通係以公車為主，公車總搭乘人次從民國 58 年約有 3.9 億人次／年，至民國 64 年達到 9 億人次／年的高峰，公共運輸所承擔的交通量超過 50%。然因公車路線缺乏整體規劃，呈現服務區域重疊或

不足情形，以及私人擁有車輛比例增加，至民國 80 年公共汽車每年運輸人次降至 7.8 億人次／年，公共運輸承擔的運量遽降至 27%。

（四）民國 89 年，捷運廿字路網通車。大東區發展活絡

民國 75 年臺北捷運初期路網核定，並於民國 77 年開始動工興建，民國 78 年配合信義仁愛路單行道措施推動公車專用道，引入了公共運輸路權優先的概念，而後鐵路亦於民國 79 年起逐段地下化，對臺北都市發展產生都市「機動性」上的改變。民國 85 年至 88 年間木柵線、淡水線與板南線（市政府站—龍山寺站）相繼通車，「廿」字路網成形，臺北車站和忠孝復興站成為最重要的轉乘站；民國 87 年以「軸線翻轉，再造西區」作為發展願景，東西區雙核心的概念逐漸成為都市發展的目標。隨著「廿」字路網、路廊的開通，都市核心不斷向東挪移，信義計劃區因人潮帶動發展逐漸熱絡；然西區即使在政策不斷的投入下，仍難翻轉，此時捷運路網及公車路線方面，西區與東區的連結不高。捷運二期路網於民國 89 年至 104 年間逐步完工，以捷運為骨幹搭配公車路網所架構出綿密的大眾運輸系統，明顯提高都市活動強度與人口機動性，尤其近年加上高鐵南港站的開通與桃園機場捷運通車後，不僅使城際聯絡更加便捷，臺北亦成為北北基桃大眾運輸匯集中心。

捷運加公車每年在臺北市創造了 12.22 億人次的流動能量，相較民國 80 年公車的 7.8 億人次，代表以捷運搭配公車所架構出綿密的大眾運輸系統讓民眾出門意願提高、交通可及性更廣，也讓部分街區的活絡程度產生變化，創意族群及商業行為群聚場站周邊，為城市帶來了創新的原動力。捷運路網，不僅縮短了點對點的路徑，也讓臺北產生了更多的次核心，隨著高鐵通達南港，南港近幾年大幅躍進；路網讓地價、地租及流動能量在市中心分布更加均質，而平價商業及創意餐飲在捷運場站周邊亦發展出小

型的特色商圈。

二、臺北市都市發展重大計劃

現行都市計劃應遵循國土計劃,以確認國土計劃之優位性,國土計劃亦以大眾運輸導向土地使用原則予以規劃,爲使都市結構朝向緊密發展、強化場站周邊高強度開發,並引導臺北市都市發展、土地利用、交通政策等。

臺北市政府推動都市發展重大建設計劃,透過都市願景的形塑及都市再生策略,作爲臺北市未來長期發展指導綱領及推動各部門計劃之依據。臺北市政府推動中的重大建設計劃包括東區門戶計劃、西區門戶計劃、大同再生計劃、中正萬華復興計劃、士林再生計劃、北投再生計劃、文山發展策略計劃等。

三、大眾運輸發展現況
(一) 捷運站路線、運量、旅次及服務範圍

臺北都會區大眾捷運系統在民國85年起各路線陸續完工通車,提供便捷舒適的運輸服務,有效改善都會區的交通,更爲都市發展注入新的動力。臺北市目前已通車路線包括板南線、新蘆線、淡水信義線、文湖線、松山新店線等5條路線,以及新北投與小碧潭2條支線,共計84個場站,總營運路網長度131.1公里,於市中心形成綿密之棋盤式運輸網絡,連結了高鐵、臺鐵與機場捷運等軌道系統及國道客運轉運站,文湖線松山機場站爲臺北捷運與松山機場連結的主要樞紐,圓山、動物園站亦規劃有國道客運轉運站。另爲強化捷運路網及提供快速便捷安全運輸,臺北市將推動捷運環狀線北環段及南環段,未來並持續擴充(詳圖5.1)。

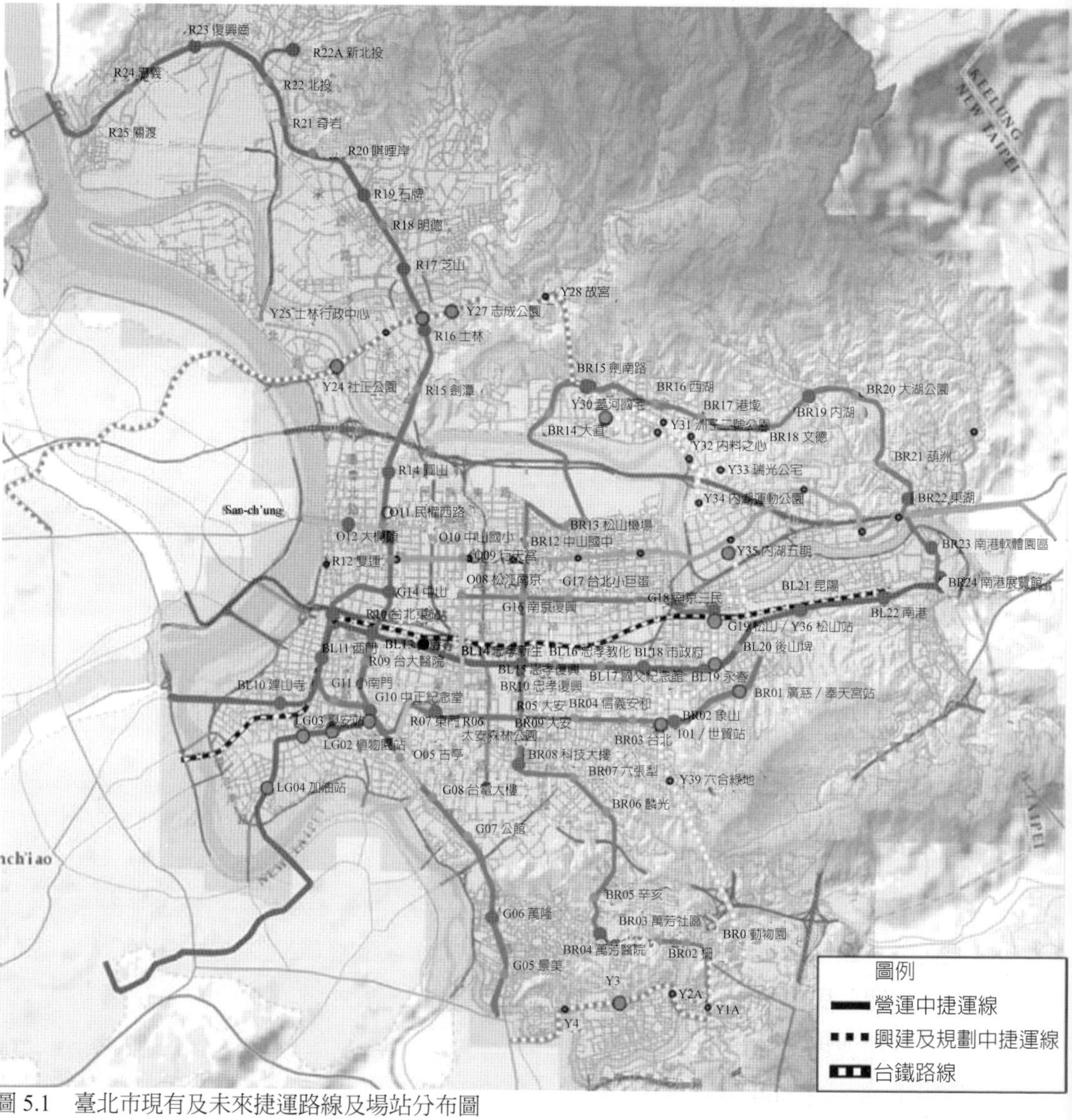

圖 5.1　臺北市現有及未來捷運路線及場站分布圖

資料來源：臺北市政府捷運工程局。

以臺北市捷運乘客人次估計，民國 106 年捷運運量高達 74,606 萬人次搭乘，每日載運量已逾 204.40 萬人旅次，由下表 5.1 可知，近 10 年捷運乘客人次逐年上升，民國 106 年相較 97 年，捷運乘客人次成長約 60%，每日捷運乘客人次更由 122.95 萬人次成長至 204.40 萬人次，成長約 81.45 萬人次（詳表 5.1）。

表 5.1　臺北市近 10 年臺北捷運營運概況表

年度	捷運乘客人次總計（人次）	每日捷運乘客人次（人次）
97 年	450,024,415	1,229,575
98 年	462,472,351	1,267,048
99 年	505,466,450	1,384,840
100 年	566,404,486	1,551,793
101 年	602,199,342	1,645,353
102 生	634,961,083	1,739,619
103 年	679,506,401	1,861,661
104 年	717,511,809	1,965,786
105 年	739,990,166	2,021,831
106 年	746,066,556	2,044,018

資料來源：臺北市統計年報，106 年。

目前臺北捷運持續規劃擴展中，興建中的捷運路線包括信義線東延段、萬大線一期及環狀線一期，另有環狀線北環段、南環段及東環段、萬大線二期、民生汐止線及社子線輕軌進行規劃或設計中。

各捷運場站於市中心區站距普遍在 500～800 公尺間，外圍場站平均站距 1,000～1,500 公尺間，各場站於半徑 300、500、800 公尺範圍內都市發展用地之路網覆蓋率約如下表所示（詳表 5.2）。於未來三期路網完成之後覆蓋範圍皆分別提升，最大範圍將涵蓋臺北市都市發展用地約七成（詳圖 5.2）。

表 5.2 　臺北捷運路網 300、500、800 公尺覆蓋率統計表

距離／覆蓋率	捷運已通車路線	未來三期路網
300 公尺	14.81%	18.96%
500 公尺	36.80%	44.98%
800 公尺	59.62%	69.50%

資料來源：臺北市政府（2019）。

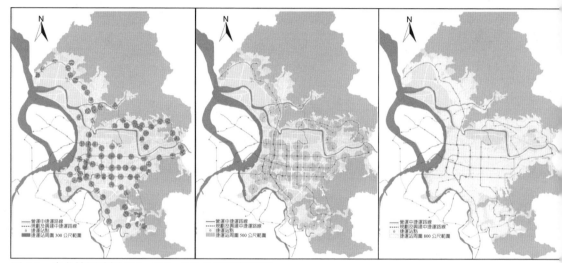

圖 5.2 　臺北捷運路網 300、500、800 公尺涵蓋範圍

資料來源：臺北市政府（2019）。

（二）公車系統路線、旅次

公車於臺北市交通工具中扮演重要角色，截至民國 106 年底，公車行駛路線約 286 條，客運總人次約 475.53 萬，每日客運人次約 1.30 萬，由近 10 年客運人次可知，搭乘公車人數逐年下滑，由大眾捷運系統統計可知，臺北市運具使用逐漸由公車轉向大眾捷運系統（詳表 5.3）。

表 5.3 臺北市近 10 年聯營公車統計表

年度	行駛路線數（條）/年底數	客運人次（人次）	每日客運人次（人次）
97 年	297	652,649,449	1,783,195
98 年	306	643,710,379	1,763,590
99 年	308	642,229,690	1,759,533
100 年	307	623,344,722	1,707,794
101 年	310	615,128,357	1,680,679
102 年	305	589,461,648	1,614,963
103 年	284	518,981,806	1,421,868
104 年	285	480,682,116	1,316,937
105 年	288	476,383,879	1,301,595
106 年	286	475,533,608	1,302,832

資料來源：臺北市統計年報，106 年。

（三）You Bike 系統站點、服務範圍及自行車道路網

　　臺北市公共自行車租賃系統（You Bike 微笑單車系統）自民國 98 年 3 月 11 日開始啟用，截至民國 106 年底，市區自行車租借次數已高達 2,195.37 萬次，車架數達 4.02 萬個。

　　臺北市目前已於市區及河濱公園設置自行車道，以朝向綠色交通、生態城市的目標前進。依民國 106 年統計，市區自行車道長度約 390.70 公里，其中自行車專用車道長度約 86.40 公里、人車共用車道長度則約 304.30 公里（詳表 5.4）。

表 5.4　臺北市近 10 年交通局主管現有市區自行車設施統計表

年度	市區自行車道長度（公里）			自行車租借次數（車次）	自行車架數（個）
	合計	自行車專用車道長度	人車共用車道長度		
97 年	111.60	20.00	91.60	0	8,651
98 年	120.00	31.20	88.80	134,116	9,766
99 年	125.00	34.50	90.40	91,802	11,396
100 年	136.60	37.70	98.90	61,924	12,817
101 年	136.00	29.00	107.00	998,515	13,455
102 年	323.30	38.60	284.70	10,984,563	15,937
103 年	382.60	54.80	327.80	22,579,964	25,996
104 年	386.40	58.90	327.40	20,082,738	27,944
105 年	389.70	85.80	303.90	18,431,346	31,240
106 年	390.70	86.40	304.30	21,953,673	40,240

資料來源：臺北市統計年報，106 年。

四、全市性大眾運輸導向發展（TOD）原則策略

臺北市將以捷運場站為節點、捷運路線為骨幹，以半徑一定範圍內指認為臺北市大眾運輸導向發展範圍，並依捷運場站特性與階層差異等因素研析提出整體性地區計劃，期望透過都市計劃、都市設計審議、交通政策等工具，逐步引導交通運輸系統及都市空間發展型態，藉由串連大眾運輸、人行空間、自行車空間及都市活動於大眾運輸導向發展地區有秩序地緊密配置，適當調整場站周圍之土地使用與交通規劃，以形塑大眾運輸導向或大眾運輸友善的發展環境。

因此，為檢核地區計劃可行性及大眾運輸導向發展理念落實於都市計劃、都市更新、都市設計及交通面向等領域，初步提出「全市性大眾運輸

導向發展（TOD）原則策略」，歸納包括「土地利用發展調節」、「人本交通環境改善」、「個人運具管理」及「捷運場站智慧化提升」四大面向，並於各面向下擬定策略及規劃檢討原則，作爲臺北市未來執行 TOD 理念之全市性通則。

（一）面向一：土地利用發展的調節

1. 策略 1-1：都市結構朝向緊密發展，強化場站周邊高強度開發。
2. 策略 1-2：土地使用朝向混合使用，創造場站周邊多元性發展。

（二）面向二：人本交通環境的改善

1. 策略 2-1：大眾運輸工具轉乘串連規劃，落實公共運輸接駁服務普及。
2. 策略 2-2：大眾運輸工具轉乘空間規劃，提供舒適友善環境。
3. 策略 2-3：捷運場站周邊人行空間留設與動線優化，提升民眾搭乘大眾運輸意願。
4. 策略 2-4：公共綠色運具的推廣與設置，完整建置最後一哩路。

（三）面向三：個人運具的管理

1. 策略 3-1：規範個人運具使用，落實大眾運輸導向發展。
2. 策略 3-2：捷運場站周邊增設自行車停車格位，落實綠色交通理念。

（四）面向四：捷運場站智慧化的提升

1. 策略 4-1：場站管理邁向智慧化，提供場站資訊與管理便利性。
2. 策略 4-2：場站空間朝向智慧化，提升場站活動與使用連續性。

五、大眾運輸導向地區發展構想

（一）士林站

1. 區位特性

　　士林站位於中正路與文林路交叉口，爲淡水信義線之場站，民國 107 年 1-6 月每日進出入次約 57,571 人。士林站周邊爲士林早期發展地區，周邊主要爲商業區，惟現況多爲住宅使用，中正路與文林路聚集鄰里商業與生活支援機能，屬地區性消費據點，爲「地區核心型場站」。士林站爲周邊士林、天母居民，以及前往陽明山、故宮、兒童新樂園及科教館等景點之觀光民眾主要的轉乘據點，未來捷運環狀線北環段通車後將形成交會之場站，強化與內科及新北市之聯繫，交通區位將更爲重要。

　　場站周邊街區老舊、街廓短淺，都市意象雜亂，地區人行系統亦待提升；周邊鄰近士林官邸、福林公園、雙溪河濱公園等大型開放公園綠地，惟鄰里型的公園綠地較爲缺乏。臺北市政府於 105 年起動士林再生計劃，於地區推動多處公辦都更（士林紙廠、中油、萬寶紡織、華榮市場、小西街），帶動地區發展，另外臺北科學藝術園區計劃整合國立科學教育館、天文館、臺北兒童新樂園以及美崙公園等「三館一園」，整合地區環境。

2. 大眾運輸導向地區發展構想

　　(1) 地區未來交通區位佳，爲重要之轉乘據點，鼓勵場站周邊街廓適度整併，以形成具提供優質商、辦機能之複合型開發條件，並鼓勵提供會議、展覽交流等公共性空間使用，政府亦應協助提供小型辦公空間、共享工作室等創業支援設施，以促進地區多樣化的都市機能與活動。地區生活機能與交通條件佳，地區開發作住宅使用時應鼓勵提供適合青年居住之住宅及公共住宅空間，以及幼兒托育、高齡照護等地區所需之公共設施。

　　(2) 因應地區具備捷運交通便利之優勢，地區開發基地應考量適度折減法定停車空間數量，並鼓勵主要幹道兩側商業開發提供地區公共停車及

共享運具設施服務空間,以降低私人運具的使用。因應地區觀光特質,中正路兩側鄰接公車站點之開發基地,應協助提供良好候乘空間,提升交通轉乘的舒適性與便利性。

(3) 為營造地區人本、友善、連續的街道空間環境,地區主要道路及通勤/通學街道,兩側開發基地應依循兩側現有紋理退縮留設騎樓或無遮簷人行道,並鼓勵基地內留設東西向之人行通道;沿街面之建築地面層應作為商業或公共性使用,並於適當之街角留設廣場式開放空間,以營造人

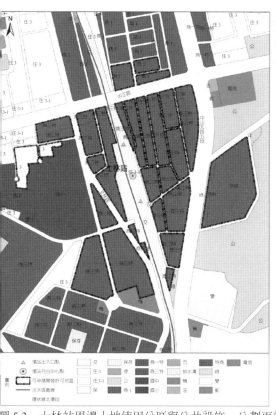
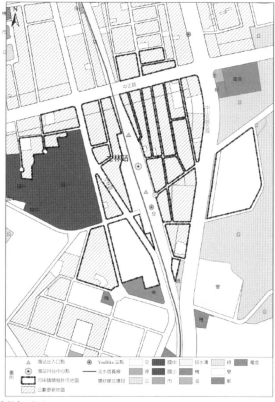

圖 5.3　士林站周邊土地使用分區與公共設施、公劃更新地區圖

資料來源:臺北市政府(2019)。

本街道環境。

(4)為提升地區環境綠意與城市韌性，鼓勵開發基地法定空地集中設置，以作為供公眾使用之開放空間，所留設之開放空間應著重綠化，並設置開放性雨水入滲或貯集設施。

（二）內湖站

1.區位特性

內湖站位於成功路，為捷運文湖線之場站，民國 107 年 1-6 月每日進出入次約 16,943 人，緊鄰服務內湖地區之購物商場，屬於「地區核心型場站」。場站周邊多為住宅及住商混合使用，居住密度與土地使用強度高，周鄰內湖路二段、成功路四段、金龍路沿線有鄰里性商業分布，提供地區居民生活消費服務，學校、市場、醫療等公共設施充足，公園綠地比例亦高，為良好的居住生活環境。因捷運帶來便利的交通條件，加上地區良好的生活品質，近年來地區商業與住宅開發日漸增多，吸引人口移入。近期 AIT 美國在臺協會移轉至場站周邊新址。未來應強化現有的捷運場站及公車轉乘核心，以對應新的居住及生活需求而轉型，優化地區的都市活動。

2.大眾運輸導向地區發展構想

(1)地區生活機能與交通條件佳，適宜青年聚居，周邊住宅區鼓勵開發提供適合青年居住之住宅及公共住宅空間，且因應地區高齡與幼齡人口比例高，由公部門協助提供幼兒托育、高齡照護與社區活動等公共設施，完善地區公共服務機能。

(2)因應地區具備捷運交通便利之優勢，開發基地應考量適度折減法定停車空間數量，以降低私人運具的使用，並鼓勵提供共享自行車、機車、汽車等共享運具設施服務空間，提升地區交通之可及性。成功路四段

兩側鄰接公車站點之開發基地，應協助提供良好候乘空間，提升交通轉乘的舒適性與便利性。

(3) 爲營造地區人本、友善、連續的街道空間環境，地區主要生活與通勤巷道，兩側開發基地應退縮留設騎樓或無遮簷人行道，沿街之建築地面層應鼓勵維持商業或公共性使用，避免過大退縮而破壞街面活動之連續性。開發基地臨地區主要人行動線側鼓勵規劃供公眾使用之廣場式開放空間，以作爲增進地區人群的聚集與會面交流之場所。

圖5.4　內湖站周邊土地使用分區與公共設施、公劃更新地區圖

資料來源：臺北市政府（2019）。

（4）爲提升地區環境綠意與城市韌性，鼓勵開發基地法定空地集中設置，以作爲供公眾使用之開放空間，所留設之開放空間應著重綠化，並設置開放性雨水入滲或貯集設施。

（三）北門站

1. 區位特性

　　北門站位於市民大道與塔城街交叉口，爲松山新店線之場站，與桃園機場捷運及臺北車站以地下方式連通，民國 107 年 1-6 月車站平均每日進出人次約 22,895 人。北門站位於西區門戶發展廊帶上，東爲國立臺灣博物館鐵道部園區，西爲 E1/E2 及 D1 開發街廓，北鄰大稻埕商圈與聯合醫院中興院區，爲臺北早期發展區域，地區發展密度高，屬於「地區核心型場站」。

　　北門站周邊歷史文化資源豐厚，臺北市政府結合國立臺灣博物館鐵道部園區，將場站東、南側多數保留以重現古蹟及歷史建築之風貌，E1/E2 街廓臺鐵局則規劃開闢爲商場、辦公室、旅館及住宅。市民大道以北之地區環境老舊，幼年及高齡人口亦高，臺北市政府在此劃定公劃更新地區，以期促進地區都市更新，改善地區整體環境。

2. 大衆運輸導向地區發展構想

　　（1）結合西區門戶計劃交通樞紐特性，強化地區全市性商業／商務活動與國際文化交流、觀光功能，鼓勵周邊街廓整併，以形成具提供優質商辦機能之複合型開發條件，並鼓勵提供會展、藝文展演等公共性空間使用機能，政府亦應協助提供共享工作空間等創業支援設施，提升地區商業、辦公、文化觀光、休閒娛樂等都市機能。

　　（2）考量本區大衆運輸服務條件良好，且地區已有龐大之轉運交通進出車流，地區開發基地未來整體規劃時應考量適當折減法定停車空間數

量，並鼓勵提供地區公共停車及共享自行車、機車、汽車等共享運具設施服務空間，以降低私人運具的使用。

(3) 為形塑地區友善、安全、舒適的人行環境，開發基地臨路側應延續街道形態留設騎樓、無遮簷人行道，建築沿街地面層應鼓勵維持商業使用，避免過大退縮而破壞街面活動之連續性。捷運現有部分出入口設置於人行道上，未來相鄰開發基地應協助將捷運連通出入口及地下街出入口移設至開發基地內，提升場站進出環境的友善性與便利性。

圖 5.5 北門站周邊土地使用分區與公共設施、公劃更新地區圖

資料來源：臺北市政府（2019）。

(4)延平北路兩側及北門周邊開發基地，於建築量體高度與立面設計上，應形塑良好的街道空間尺度與都市景觀，以維護主要都市南北向之歷史軸線，及北門之視覺景觀風貌。

（四）松江南京站

1. 區位特性

　　松江南京站位於松江路與南京東路二段交叉口，為捷運中和新蘆線與松山新店線之交會場站，民國 107 年 1-6 月每日進出站人數達 66,844 人次。場站周邊為臺北市早期金融商辦聚集區，主要幹道兩側普遍為商業、辦公等使用型態，吸引大量商務旅次聚集；街區內則多為住宅使用，且鄰里商業熱絡，四平陽光商圈商業密集，並設有行人徒步區，提供地區居民及工作者良好的生活支撐，為「都會區域 / 全市核心型場站」。

　　因捷運帶來交通的便利性，且地區生活機能便利，近年來場站旅運量持續成長，地區辦公室進駐需求提升，都更案件推動亦多，惟可開發用地少且用地規模小，更新整合不易。未來地區應促進良好規模商辦開發，並配合捷運出入口做適當的引導，形塑地區內良好的人行連繫環境，並保障地面層的商業使用，維持地區活力。

2. 大眾運輸導向地區發展構想

　　(1)結合地區產業與交通便利之優勢，鼓勵場站周邊街廓適度整併，以形成具提供優質金融、商辦機能之複合型開發條件，並鼓勵提供會議、展覽交流等公共性空間使用，政府亦應協助提供小型辦公空間、共享工作室等創業支援設施，以提升地區商業、辦公之都市機能。

　　(2)地區與場站出入口連接之主要生活與通勤巷道，兩側開發基地量體應維護街區內親切宜人之街道空間尺度，依現有街道紋理退縮留設騎樓或無遮簷人行道，並且維持地面層商業、生活支援機能使用，以提供地區

人本、友善、具活力的街道空間環境。捷運現有部分出入口設置於人行道上，未來相鄰開發基地應協助將捷運連通出入口移設至開發基地內，提升場站進出環境的友善性與便利性。

(3) 鼓勵開發基地於鄰接場站出入口之交叉路口、地區人行動線節點處留設廣場式開放空間，提供地區人潮聚集交流、休閒之場所。

(4) 為促進地區大眾運輸使用，地區開發基地應適度折減法定停車空間數量，並鼓勵地區商業開發提供公共停車及共享自行車、機車、汽車等共享運具設施服務空間，以提供地區商業、辦公商務旅次使用。

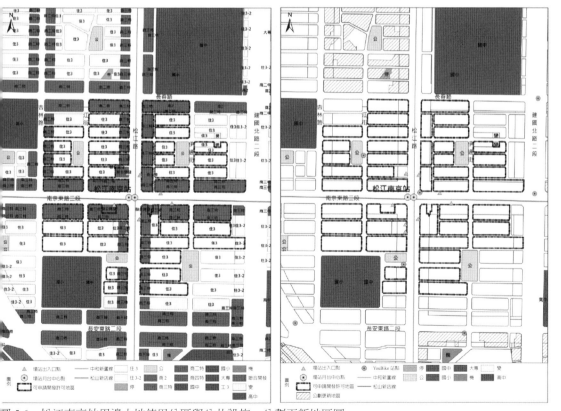

圖 5.6　松江南京站周邊土地使用分區與公共設施、公劃更新地區圖

資料來源：臺北市政府（2019）。

（五）龍山寺站

1. 區位特性

　　龍山寺站位於和平西路與西園路交叉口，爲捷運板南線之場站，民國 107 年 1-6 月每日進出入次約 60,615 人次，與臺鐵萬華車站相距約 150 公尺。場站周邊爲本市早期開發地區，地區商業繁盛，尤以龍山寺及艋舺公園爲核心於周邊形成多個特色商圈與數條觀光夜市，爲「地區核心型場站」。此外，龍山寺及周邊地區歷史文化資源豐富，爲市內重要國際觀光旅遊景點，未來地區發展應考量街區紋理維護與地區環境負荷，以確保地區環境特質。

　　臺北市政府提出「中正萬華復興計劃」策略推動多項政策以期地區轉型再生，透過既有空間轉型再生，來帶動地區文化創意產業發展；對於地區老舊社區環境，臺北市政府於本地區劃定公劃更新地區，改善地區整體環境。此外，龍山寺站與萬華車站因過去規劃上並未使其得以共構或連通，削弱其交通轉運功能，應強化其空間與動線上的連結，提升其交通轉運機能並促進地方發展。

2. 大眾運輸導向地區發展構想

　　(1) 強化地區商業、休閒文化與國際觀光交流功能，鼓勵地區開發朝向零售商業、文化觀光、休閒娛樂等都市機能；政府亦應協助提供創業支援設施及共享工作空間，以促進地區產業發展。

　　(2) 爲強化龍山寺站與臺鐵萬華車站之間的連結，兩場站之間開發基地，應規劃留設舒適、連續之步行通道以強化兩場站間之空間連繫。萬大路、莒光路、康定路與艋舺大道等地區主要道路兩側開發基地，應沿街留設騎樓或有遮簷人行道，建築底層應作爲商業使用，以營造具活力之街道空間環境。

　　(3) 本區大眾運輸服務條件佳，地區開發基地應考量適當折減法定停

車空間數量，並鼓勵提供共享自行車、機車、汽車等共享運具設施服務空間。西園路與和平西路三段兩側鄰接公車站點之開發基地，應協助提供良好候乘空間，提升交通轉乘的舒適性與便利性。

　　(4)龍山寺周邊開發基地，於建築高度與立面設計上應以維護龍山寺視覺景觀風貌爲原則，且應維持地區特色之空間紋理與巷弄間宜人的空間尺度，以確保本區之環境特色。

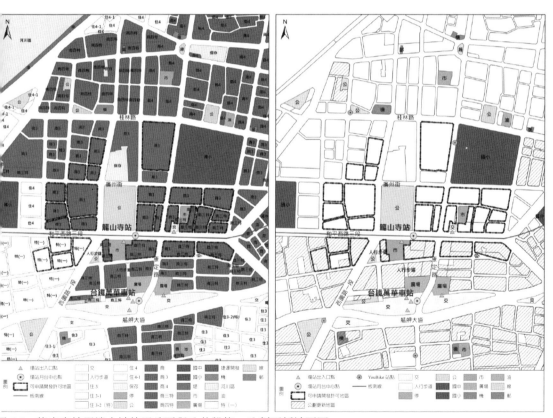

圖 5.7　龍山寺站周邊土地使用分區與公共設施、公劃更新地區圖

資料來源：臺北市政府（2019）。

（六）臺北車站

1. 區位特性

　　臺北車站為捷運板南線及淡水信義線交會，並與臺鐵、高鐵、桃園機場捷運共站之場站，周邊並有臺北轉運站、國光客運臺北車站等中長途客運站點，每日進出旅客量達 52 萬人次，位居臺北都會區首要公共運輸樞紐，為「都會區域／全市核心型場站」。從臺北車站出發，可串接臺灣西部各大都會，形成一日生活圈；經由捷運機場線在 50 分鐘內可銜接桃園國際機場，連結世界各大都市，為國際商務與觀光旅客抵達臺北的第一站，大臺北首都圈的中心門戶。

　　臺北市政府於民國 105 年啟動「西區門戶計劃」，結合交通區位優勢與地區所蘊含之文化特性，推動北門廣場改造、中正 23 號（交六）廣場景觀綠美化工程，優化人本及景觀環境，營造車站周邊舒適的行人公共開放空間，並期透過 C1/D1 聯合開發大樓、E1/E2 街廓開發、臺北郵局公辦都更等計劃，回應車站流通能量，引進商業、商務辦公、旅館等多元混合機能，促進地區再發展，形塑新國門意象。

　　同時本區為臺北市最早發展之地區之一，周邊歷史文化資源豐厚，中央與臺北市政府於西區門戶計劃地區整合鄰近文化資產如北門廣場、臺北郵局、臺灣總督府鐵道部博物館園區，並規劃臺北城博物館等，綜上，未來地區開發除應配合軸線往來流通能力外，並應回應與地區歷史的連結，創造車站地區文化之自明性。

2. 大眾運輸導向地區發展構想

　　(1) 立基臺北車站國際性交通樞紐特性，強化全市性商業／商務活動與國際文化交流、觀光功能，鼓勵周邊街廓整併，以形成具提供優質商辦機能之複合型開發條件，並鼓勵提供會展、藝文展演等公共性空間使用機能，提升地區商業、辦公、文化觀光、休閒娛樂等都市機能。此外，為使

西區成爲帶領臺北連接文化、創新創業的場域，政府應協助提供創業支援設施及共享工作空間，將臺北車站周邊打造成全臺北創新能量匯集的場所，吸引國際人才與金流匯集。

(2) 考量本區大眾運輸服務條件良好，且地區已有龐大之轉運交通進出車流，地區開發基地未來整體規劃時應考量適當折減法定停車空間數量，並鼓勵提供共享運具設施服務空間。

(3) 爲促進地區友善、便捷的都市流動，於西區門戶現有規劃東西向

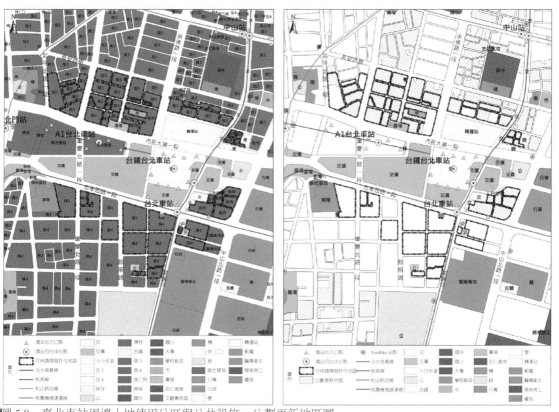

圖 5.8　臺北車站周邊土地使用分區與公共設施、公劃更新地區圖

資料來源：臺北市政府（2019）。

都市長廊的基礎上，應強化地區南北向度的都市連繫，鼓勵周邊開發基地規劃空中連廊或地下通道，並與地區大眾運輸場站及立體連通系統相連結，使地區人行活動之連結更為密切。

(4) 西區門戶基地範圍為大眾運輸高度密集的節點，行人活動非常活絡，周邊開發基地鼓勵於地面層或於地上層之人工平臺、露臺規劃大型人流集散空間，並與地區主要人行動線相連結，增進地區人群的聚集與會面交流的機會。

(5) 未來地區開發之建築型態，於街道介面上應回應舊城區空間尺度與紋理；館前路、重慶南路等地區主要都市南北向之歷史軸線，應維持良好的街道空間尺度與都市景觀，營造高品質、具魅力的街道景觀空間，創造地區方向性。

（七）南港站

1. 區位特性

南港站位於忠孝東路七段，為捷運板南線與臺鐵、高鐵共構之場站，民國 107 年 1-6 月每日進出站人次約 33,356 人。南港因其位居「信義、內湖、南港」創意三角洲，地處北北基科技產業走廊匯聚之區位條件，賦予其在臺北都會空間結構中扮演門戶與連結器的定位，吸引政府相繼於此投入各項交通與公共建設，奠定了南港交通樞紐的地位，屬於「都會區域／全市核心型場站」。

臺北市政府於民國 104 年啟動「東區門戶計劃」中，對於南港車站周邊，推動南港轉運站、瓶蓋工廠、南港轉運站東側商業區公辦都更案，以及南港生技產業聚落開發案，強化地區轉運樞紐，以及引進產業、商辦等機能，同時針對產業動能回應居住需求，推動東明公共住宅與 R16 公共住宅，並透過各開發計劃間的人行立體聯通系統，營造南港地區舒適的行人公共開放空間，樹立臺北再生先導者的形象。

2. 大眾運輸導向地區發展構想

　　(1) 南港車站周邊為進入南港的第一門面，亦為重要都市活動節點，未來應鼓勵周邊街廓整併，以形成具提供優質商辦機能之複合型開發條件，提供創意、知識產業進駐，並鼓勵提供會展、藝文展演等公共性空間，以強化地區全市性商業／商務活動與國際文化交流功能。為塑造地區成為產業與生活共存的國際型智埠中樞，政府應協助提供創業支援設施和共享工作空間，及公共住宅空間，吸引國際人才與金流匯集。

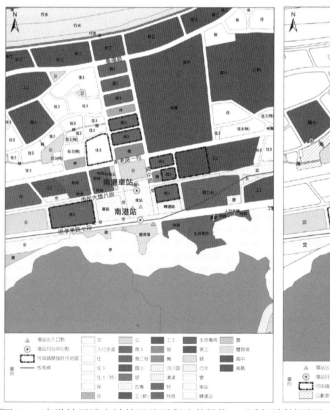
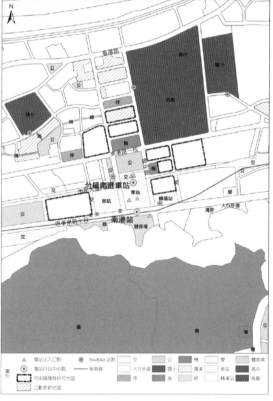

圖 5.9　南港站周邊土地使用分區與公共設施、公劃更新地區圖

資料來源：臺北市政府（2019）。

(2) 考量本區大眾運輸服務條件良好，且地區未來將有龐大之轉運交通進出車流，地區開發基地未來整體規劃時應考量適當折減法定停車空間數量，並鼓勵提供共享自行車、機車、汽車等共享運具設施服務空間。

(3) 爲促進地區友善、便捷的都市流動，地區商業開發鼓勵規劃立體通廊串連地區活動網絡，沿街面及立體通廊之建築空間應作爲商業使用，以活絡地區商業氣氛。

(4) 忠孝東路、市民大道及興中路等地區主要景觀軸帶，街道兩側應強化植栽，以形塑地區優美景觀環境。而爲提升地區環境綠意與城市韌性，開發基地建議留設廣場式開放空間，所留設之開放空間應著重綠化，並設置開放性雨水入滲或貯集設施，提供高品質開放空間環境，以成爲地區人潮聚集、休閒交流之場所。

（八）加蚋站

1.區位特性

　　加蚋站位於萬大路與東園街交叉口，鄰近東園國小與萬大國小，爲捷運萬大樹林線（興建中）之場站，規劃民國 120 年每日進出人次約爲 38,318 人，爲「鄰里型場站」。加蚋站位在南萬華的雙園生活圈，爲臺北早期發展地區，地區主要爲住宅區。場站緊鄰之東園街爲地區商業中心，日常零售商業以及派出所、圖書館、健康中心等公共設施集聚，生活服務機能便利。

　　地區現況多爲老舊社區，居住密度與土地使用強度高，老年及幼齡人口密度高，雖鄰近青年公園與華中河濱公園，然缺乏良好的地區人行環境與鄰里性開放空間，有待都市更新轉化地區機能、提升地區居住環境品質。臺北市政府推動「中正萬華復興計劃」，於東南側規劃青年公共住宅及青年營區公共住宅等 2 處公宅基地，以及第一果菜市場及魚類批發市場

改建，並透過劃定公劃更新地區訂定更新計劃，誘導未來民間投資之都市更新事業協助建構宜居、高齡友善之南萬華。

2. 大眾運輸導向地區發展構想

(1)結合捷運交通便利之優勢，周邊住宅區應鼓勵開發提供適合青年居住之住宅及公共住宅空間，以吸引青年定居，提升地區活力。東園街為南萬華重要生活及商業核心，與萬大路兩側開發基地之地面層應作為商業使用，並鼓勵留設騎樓，增加街道活力與地區生活機能的維持。因應地區內高齡與幼齡人口比例高，由公部門協助提供幼兒托育、高齡照護與活動設施等社福設施，以及社區活動中心、圖書館、行政辦公機關等公共設施，提升地區公共服務品質。

(2)因應地區交通便利之優勢，地區開發基地應考量適度折減法定停車空間數量，以降低私人運具的使用，並鼓勵提供共享自行車、機車、汽車等共享運具設施服務空間，提升地區交通之便利性與可及性。萬大路兩側鄰接公車站點之開發基地，應協助提供良好候乘空間，提升交通轉乘的舒適性與便利性。

(3)為營造地區人本、友善、連續的街道空間環境，地區主要生活與通勤巷道兩側開發基地應依循街道形態退縮留設騎樓或無遮簷人行道，並鼓勵大型開發基地於基地內部留設具穿越性之開放空間與人行步道；建築開發地面層應鼓勵維持商業使用，增加街道活力與安全性。開發基地臨地區主要人行動線側鼓勵規劃供公眾使用之廣場式開放空間，以作為增進地區人群的聚集與會面交流之場所。

(4)萬大路 423 巷及 423 巷 28 弄，為連結場站與青年公園、華中河濱公園的重要路徑，應強化兩側街道綠意與人行環境，形塑成為地區重要的休閒景觀綠廊意象。

(5)為提升地區環境綠意與城市韌性，鼓勵開發基地法定空地集中設

　　置，以作爲供公眾使用之開放空間，所留設之開放空間應著重綠化，並設
置開放性雨水入滲或貯集設施。

圖 5.10　加蚋站周邊土地使用分區與公共設施、公劃更新地區圖

資料來源：臺北市政府（2019）。

（九）大安站

1. 區位特性

　　大安站位於信義路與復興南路交叉口，爲捷運淡水信義線與文湖線交會之場站，民國 107 年 1-6 月每日進出入次約 46,529 人。場站周邊地區以住宅區爲主，居住密度與土地使用強度高，幼年及老年人口比例高；商業區沿主要幹道分布，大安路、東豐街則聚集各式餐飲與鄰里型商業，地區生活機能完善，爲「地區核心型場站」。

　　大安站周邊醫療及文教等公共設施充足，生活機能完善，周邊辦公室及微型辦公室需求高。場站周邊近期進行「臺北市信維郵局都市更新案」，透過都市更新進行商業開發，改善都市景觀並活絡地區商業活動；臺北市政府亦於美國在臺協會原址規劃興建臺北市音樂與圖書中心，除解決市立圖書館總館硬體老舊不敷使用之情況，並提供千席以上音樂表演及練習空間，強化臺北市整體在藝術文化上的能量。

2. 大眾運輸導向地區發展構想

　　(1) 結合地區產業與交通便利之優勢，鼓勵場站周邊街廓適度整併，以形成具提供優質商辦機能之複合型開發條件，並鼓勵提供會議、展覽交流等公共性空間使用，政府亦應協助提供小型辦公空間、共享工作室等創業支援設施，以提升地區商業、辦公之都市機能。地區生活機能與交通條件佳，周邊住宅區鼓勵開發提供適宜青年居住之住宅及公共住宅空間，以及幼兒托育、高齡照護、行政辦公等公共服務設施，充實地區都市機能，提升地區發展活力。

　　(2) 因應地區具備捷運交通便利之優勢，地區開發基地應考量適度折減法定停車空間數量，並鼓勵主要幹道兩側商業開發提供地區公共停車及共享自行車、機車、汽車等共享運具設施服務空間，提供地區商業商務及觀光旅次使用，以降低私人運具的使用。

　　(3)為提升文湖線場站進出之便利性，鄰場站西側之開發基地，應協助提供立體連通通道及捷運出入口設施。復興南路兩側鄰接公車站點之開發基地，應協助提供良好候乘空間，提升交通轉乘的舒適性與便利性。

　　(4)為營造地區友善、連續、具魅力之街道環境，開發基地臨地區主要人行動線側應延續街道形態留設騎樓、無遮簷人行道，沿街之建築地面層應作為商業或公共性使用，以維護地區街道活力。

　　(5)為提升地區環境綠意與城市韌性，鼓勵開發基地於鄰接場站出入口之交叉路口、地區人行動線節點處留設廣場式開放空間，所留設之開放空間應著重綠化，成為地區人潮聚集交流、休閒之場所。

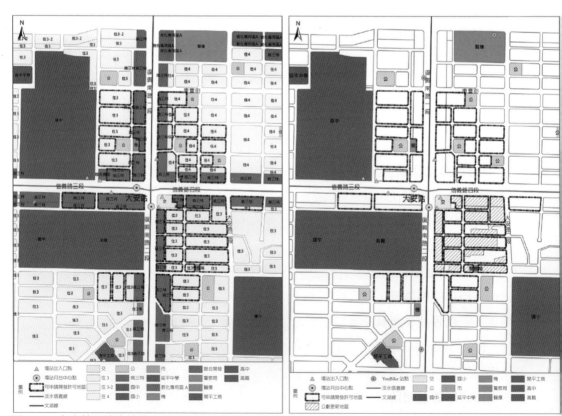

圖 5.11　大安站周邊土地使用分區與公共設施、公劃更新地區圖

資料來源：臺北市政府（2019）。

（十）景美站

1. 區位特性

　　景美站位於羅斯福路六段與景中街交叉口，為松山新店線之場站，民國 107 年 1-6 月每日進出入次約 32,548 人。場站所在地區為文山區早期發展核心之一，主要為住宅區，居住密度較高，且多高齡長者人口。地區鄰里商業與生活支援機能發達，主要分布在景中街、景文街一帶，並有戲院、百貨公司及大型賣場，其中景美夜市餐飲、零售商業種類多元，為地區重要的商業據點，為「地區核心型場站」。

　　地區周邊學校數量多，並有社區活動中心、醫院等公共設施與數處鄰里公園，周邊臨近景美河濱公園及仙跡岩等自然景觀與休憩資源。惟地區多老舊建物，都市意象較為雜亂，且街道人行空間多不連續，僅羅斯福路側規劃有人行道與自行車道，地區人行環境有待改善。臺北市政府於景美站周邊地區劃定公劃更新地區，以期促進地區都市更新，改善地區整體環境。

2. 大眾運輸導向地區發展構想

　　(1) 地區生活機能與交通條件佳，適宜青年聚居，周邊住宅區鼓勵開發提供適合青年居住之住宅及公共住宅空間，且因應地區高齡與幼齡人口比例高，由公部門協助提供幼兒托育、高齡照護與社區活動等公共設施，完善地區公共服務機能。

　　(2) 因應地區具備捷運交通便利之優勢，地區開發基地應考量適度折減法定停車空間數量，以降低私人運具的使用，並鼓勵提供共享自行車、機車、汽車等共享運具設施服務空間，提升地區交通之可及性。

　　(3) 地區景中街、景文街、景美街及景福街等地區主要通勤通學，以及串連景美河濱公園、仙跡岩等地區主要人行動線，街道兩側開發基地應依循街道形態退縮留設騎樓或無遮簷人行道，沿街之建築地面層應作為商

業或公共性使用，並於適當之街角留設廣場式開放空間，增加街道活力與安全性。

(4) 景福街與景中街連結景行公園、萬慶公園、景美河濱公園及仙跡岩步道，應強化兩側街道綠意與人行環境，形塑成為地區重要的休閒景觀綠廊意象，成為地區之綠色軸線。

(5) 為提升地區環境綠意與城市韌性，鼓勵開發基地法定空地集中設置，以作為供公眾使用之開放空間，所留設之開放空間應著重綠化，並設置開放性雨水入滲或貯集設施。

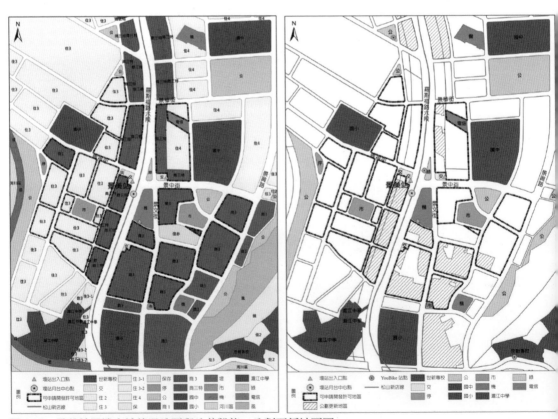

圖 5.12　景美站周邊土地使用分區與公共設施、公劃更新地區圖

資料來源：臺北市政府（2019）。

第二節　TOD環境評估項目與分級[2]

　　基於前述 TOD 框架與內容及臺灣都市 TOD 發展現況，本文於該章節引用「紐約交通與政策發展研究所（Institute for Transportation and Development Policy, ITDP）」所提之《大眾運輸導向發展評估標準 3.0 版》，其主要目的是促進和加速前述大眾運輸導向發展的都市模式中所提及之各項規劃效益，包含定義可評估項目、建立 TOD 原則與內涵，以及擬定實際目標，透過八大原則的具體目標與實施情況加以進行檢視，據以提供作為 TOD 規劃之參考。

　　而這些評估項目的特色在於簡化蒐集資料的過程，使其在資料不足的情況下仍可進行評估，且所需資料可以通過獨立、客觀、合理、輕鬆地觀察和驗證等方式得到所需資料。《TOD 環境評估》盡可能地包含了各項目在滿足 TOD 提出的目標時的不同形式、規模、風格、配置等，但仍沒有最佳的設計方式作為，因 TOD 規劃應反映出在地特色與條件，以規劃者的創造力和創新性，落實如何降低成本、提高效益，且增強高密度與混合發展，減少依賴小汽車發展的都市模式，後續預期以這些評估項目將 TOD 環境分為「銅牌」、「銀牌」和「金牌」等分級。

一、《TOD 環境評估》的適用對象

　　「紐約交通與政策發展研究所（Institute for Transportation and Development Policy, ITDP）」《大眾運輸導向發展評估標準 3.0 版》所建立的《TOD 環境評估》列出了需具備最基本的 TOD 原則及其實施目標，可提供作為都市發展過程中的參與者或受影響者之參考，其適用對象包括：決策者、規劃者、立法者、監管者、政策制定者、政府機構和技術人員、開發商和投資方、專業規劃師、工程師和設計師、基層組織、公平和永續發展宣導者，以及感興趣的民眾等對象。

---

[2] 資料來源節錄自「紐約交通與政策發展研究所（Institute for Transportation and Development Policy, ITDP）」，《大眾運輸導向發展評估標準3.0版》。

　　因此，開發商可在評估階段，利用《TOD 環境評估》的原則來確定資源配置與環境改善方面的內容。規劃師可利用它協助確定應優先投入、加強開發或採取修正措施的地區。市民和社會組織可利用《TOD 標準》評估人們所居住和工作的地方現狀條件或重建方案，以及宣導更高標準的大眾運輸導向社區。《TOD 環境評估》的八大原則，主要是用於評估大眾運輸場站周邊地區的環境現況，使其瞭解現狀土地利用特徵，並瞭解目前該區域存在的機會與挑戰。

二、TOD 區開發資格認定

　　一個開發項目要達到 TOD 標準，必須滿足以下六項要點：

A1. 建成環境
《TOD 環境評估》可作為規劃前期參考與中期評估，但只有建成環境確實形成後才能進行評級。

A2.TOD 區
TOD 的數量與規模無上限，但須滿足在大眾運輸服務範圍 500-1,000 公尺以內的要求。

A3. 完全開放或超過 2.5 公頃的開放區域
小於 5 公頃的非開放空間，只要每天開放至少 15 小時，也符合要求。

A4. 位於大眾運輸站點之步行範圍內
最佳步行距離為 500-1,000 公尺範圍以內，即離站點最遠的建築出入口到達站點距離最大為 1,000 公尺。

這些站點包括：

1. 大眾運輸軸線上的場站，例如：BRT 快速巴士交通系統、捷運或軌道交通等。

2. 可直接接駁 5 公里以內大眾運輸站點。步行到達該站點最大距離為 500 公尺。

以上大眾運輸工具與站點的設計須讓所有人均可使用，且在早上 7 點到晚上 10 點間的發車間隔不超過 15 分鐘。

A5. 對至少兩個相鄰的步行街區產生影響
並包含一條或以上的公共步道做區隔。

評估對象可以是新建、部分重建或升級改造成非正規住宅的街區。如把一個現有街區以增加可通行的步道劃分成兩個街區，也算符合要求。在私有地範圍內新建的街道或通道，只要保證每日開放至少 15 小時以上，並提供安全與完整的步行環境，即同樣可納入考量。

A6. 擁有完整的步行網絡
如任意目的地間和到達站點均有開放且免受機動車干擾的安全步行專用道。

圖 5.13　TOD 環境評估標準六項要點

資料來源：引用自「紐約交通與政策發展研究所」，《大眾運輸導向發展評估標準 3.0 版》。

三、TOD 站點覆蓋區域評估說明

「紐約交通與政策發展研究所（Institute for Transportation and Development Policy, ITDP）」《大眾運輸導向發展評估標準 3.0 版》所建立的《TOD 環境評估》可用於分析場站周邊建成環境的現狀條件與可能面臨的挑戰。它能指導規劃案優先朝向或把投資重點放在能立即見效的區域，如大眾運輸軸線廊道、市區或大都會範圍內的市區，且對場站周邊區域的分析中，採用民眾對於步行選擇、時長或距離等，作為 TOD 環境優劣評估的基礎。原則上 TOD 區內包括繞行在內的實際步行距離最好不超過 500 公尺，最多不超過 1 公里。以市內平均步行速度 3 公里／小時計算，包括在路口等待時間，500 公尺步行距離需時約 10 分鐘，1 公里步行距離需時約 20 分鐘。

四、TOD 環境評級

經由前列 TOD 區開發資格所訂定之標準，進而透過 TOD 規劃八大原則與指標項目，在符合 TOD 原則的前提下，不同 TOD 區可分別針對在地條件、環境現況或政策方針設計成可評估因子，如 TOD 區內是否有人行專用道、可步行路段總數、人行道寬度、路燈照明、沿街商店與通透感、各項設施出入口數量、自行車停放空間、路網連通性、交叉路口行人優先、步行距離、公共設施數、家庭戶數、居住密度、大眾運輸工具選擇數等。

金牌標準

86-100 分

TOD 金牌標準，旨於嘉獎在步行、騎行、大眾運輸發展等方面表現卓越的城市或地區。

要達到金牌標準最少需要在「混合」方面達到高分，並且在住宅保留方面達到滿分。

銀牌標準

71-85 分

TOD 銀牌標準，代表該城市或地區能滿足 TOD 原則大部分目標。

銅牌標準

56-70 分

TOD 銅牌標準，代表該城市或地區能滿足 TOD 原則的主要目標。

圖 5.14　TOD 評估分類

資料來源：引用自「紐約交通與政策發展研究所」，《大眾運輸導向發展評估標準 3.0 版》。

五、TOD 規劃八大原則與 14 項目標

步行

打造鼓勵步行的街區

　　目標 A. 安全、完整以及對所有人開放的步行環境
　　目標 B. 積極、活躍的步行環境
　　目標 C. 怡人、舒適的步行空間

自行車

優先發展非機動車交通移動網絡

　　目標 A. 安全、完整的自行車道路網
　　目標 B. 充足、安全的自行車停放設施

連接

優先發展非機動交通移動網絡

　　目標 A. 便捷、直達和多樣的步行與騎行路徑
　　目標 B. 選擇步行和騎行皆比使用機動車移動更為便捷

公共交通

以鄰近高品質公共交通設施的區域進行開發

　　目標 A. 步行可抵達具高品質的公共交通設施（TOD 基本要求）

混合

以規劃功能、人口結構、收入水平混合的社區

　　目標 A. 生活、工作區域步行可及範圍內滿布生活機能與服務；公共空間長時間保持活躍
　　目標 B. 當地居民應涵蓋多樣化的人口結構與不同收入族群

密集

根據公共交通運載能力提高密度

　　目標 A. 以高居住密度和就業密度來支持高品質公共交通、本地服務，
　　　　　　以及公共空間活躍度的發展

緊湊

具短距離通勤區域

　　目標 A. 新開發區域應位於或者緊鄰已具有建成環境的區域
　　目標 B. 城市或區城內外出移動便捷

轉變

規範停車路權分配

　　目標 A. 交通模式改善，機動車所占空間最小化

圖 5.15　TOD 規劃八大原則

資料來源：修改自「紐約交通與政策發展研究所」，《大眾運輸導向發展評估標準 3.0 版》。

（一）步行　打造鼓勵步行的街區

本文引用自「紐約交通與政策發展研究所（Institute for Transportation and Development Policy, ITDP）」《大眾運輸導向發展評估標準 3.0 版》，並稍加修改如下說明。在都市中以短距離移動而言，「步行」是最自然、健康、環保、高效、經濟和包容的方式，基本上也是所有交通移動中不可缺少的一環。正因如此，要在城市內建立可持續、公平的交通模式，步行是根本的基礎，而 TOD 成功的關鍵即在於讓民眾可以持續步行，以此回歸至最基本的移動方式，當街道有足夠的吸引力、人氣、安全感、連貫性以及與機動車隔離，且沿路服務設施到位，具較高目的地可及性，使步行成為最令人享受、安全以及高效率的移動方式。

步行需要在合理範圍內採取一定的措施來確保大多數人的便利，但仍有部分人群因為身體條件的侷限，如障礙物、樓梯或陡坡構成了步行困難。而在 TOD 評估標準中，「步行」與「步行可及性」這樣的詞彙應該要被理解成適用於所有行人，包括一般行人、攜帶貨物者、輪椅使用者、盲人、推嬰兒車或購物車的人等，在符合當地規範或國際標準的前提下，完整的步行道以及行人穿越必須盡可能滿足所有人步行，增強步行可及性和吸引力可促進該原則三個關鍵實施目標，而短途和直達這兩方面相關因素將在後續「連接」原則中進行討論。

目標 A：安全、完整以及所有人可及的步行環境

對城市步行可及性和包容性來說，最基本的特徵是有完整、連續以及安全的人行道網絡，包括在起、終點之間和連接當地公共交通站點的可能路線上可以安全行走。步行網絡必須是免受機動車影響且對所有人開放的環境，包括長者與行動不便人士，為了使街道變得安全、完整，可採取不同的街道設計和配套設施，當機動車車速超過 15 公里／小時，步行道應與機動車道進行隔離以保護行人安全。

圖 5.16　步行環境示意圖

說明：日本大阪市對人行環境與設施進行妥善規劃，為市民提供了「行人專用徒步區」，並以商店街
　　　的方式結合商業活動，提供安全便捷的步行環境。

資料來源：作者拍攝。

目標 B：積極、活躍的步行環境

　　步行活動間相互促進，活動越多活躍度越高。當步行道充滿人氣，富有生機以及在街道兩旁布滿人們所需的餐飲零售等商業和服務設施，步行將變得有吸引力、安全且高效。相對地，大量的步行人流會為當地沿街零售商業、服務業帶來更多商機，從而促進當地經濟發展。道路兩旁商店，透過室內、外的視覺聯繫，可間接在日常中達到「觀察」和「監視」的功能，變相提升步行環境的安全性。不僅是商店和餐館，包括小商販、工作場所和住宅，各類土地的使用都與街道活躍度和這種日常「監視」息息相關。提供無線資訊技術連接（如 wi-fi）是一個對公共空間活躍度和安全性

越發重要的元素。

目標 C：怡人、舒適的步行空間

如果步行環境能夠提供行道樹、拱廊、騎樓或者遮陽擋雨篷等，使行人免受惡劣天氣侵害的設施，或沿街道方向能減緩行人在烈日、風塵及雨雪中的曝露，那麼隨著步行舒適度的提高，民眾的步行意願和對不同行動能力者的包容度也會顯著提升。在應對大部分氣候，樹木是最簡單、最有效、最耐久的提供遮陽的方式，同時也有公認的環境及對人心理方面的協同效益。如遮陽與擋雨、長凳、公共廁所、飲水池、為行人考慮的照明設計、指路牌、景觀，以及其他城市傢俱和增添街景魅力的元素等。

（二）自行車　優先發展非機動車交通出行網絡

本文引用自「紐約交通與政策發展研究所（Institute for Transportation and Development Policy, ITDP）」《大眾運輸導向發展評估標準 3.0 版》，並稍加修改如下說明。自行車是最健康、經濟和包容的市區交通模式的第二選擇。它集合了步行直達目的地的便捷性，移動路線和時間的靈活性，且在移動範圍和速度上與本地大眾運輸服務可相比擬。自行車可以啟動街道以及大幅度增加大眾運輸網站周邊覆蓋範圍。同時自行車效率高、占用空間和所需資源較少，故自行車友好度是 TOD 基本原則之一。然而，騎行者是所有道路使用者中最容易與汽車發生相撞事故的弱勢群體，他們的自行車也容易遭到盜竊和破壞，故需要有安全的停放和保管設施。因此，促進更多人選擇自行車出行的關鍵是：為騎行者提供安全的道路設施，以及在所有出行的起終點、在公共交通站點處提供安全的自行車停放和保管空間，只要電動車的最高行駛速度與自行車相似，則可算作自行車範疇。

目標 A：安全、完整的自行車網絡

在建成區域以及網站覆蓋區域範圍內，通過最短路徑連接建築與目的地之安全的自行車網絡是 TOD 的基本要求之一。該網絡根據道路的車速，有不同類型的對自行車安全的設計。當機動車車速超過 30 公里／小時，需配置隔離的自行車道；當機動車車速在 15-30 公里／小時，建議使用混行的道路共用標識；而在共用街道和廣場上，當通行車速低於 15 公里／小時，可以免去自行車道標識。

目標 B：充足、安全的自行車停放設施

只有當自行車能安全停放在任一目的地，並在私人樓宇內可過夜或可有更長時間的停放，自行車才會是有吸引力的日常出行選擇，如公共交通站點的自行車停放、建築的自行車停放，以及自行車進入建築等，可以此作為自行車停車架的安全停放特徵來衡量。

圖 5.17　自行車環境示意圖

說明：位於美國德克薩斯州聖安東尼奧市的河濱步道，設置自行車和行人專用的街道，完善的自行車
　　　停放設施，體現非機動車的優先連通性。

資料來源：作者拍攝。

（三）連接　創建密集的街道網路

本文引用自「紐約交通與政策發展研究所（Institute for Transportation and Development Policy, ITDP）」《大眾運輸導向發展評估標準 3.0 版》，並稍加修改如下說明。便捷、直接的的步行和騎行需要連通性良好的密集路網、小街區來支持。步行尤其容易受到繞行的影響，且對路網密度特別敏感，所以提供多樣化的路徑選擇，以及緻密街道網絡、壓縮機動車空間、較低的機動車車速等，使步行和騎行更加豐富有趣，從而煥發街道活力、促進地方商業。步行和騎行在城市紋理比機動車具有更高的滲透性，同樣促使非機動交通和公共交通的使用，以及其他連帶效益。從街道可步行化角度出發，城市街區尺度越小越好。路網越密，意味著有更多的土地劃分給路權；然而在公眾路權效率和滿足較大開發項目的地塊大小之間需要取得平衡。兩者對經濟可行性與開發項目和行人的活躍度均有影響。研究表明，面積大小約為 1 公頃、街區路段平均長度為 100 公尺的街區最有利於商業發展。這樣的街區有良好的步行性，潛在土地效率高（取決於街道的平均距離），且適合大部分土地利用性質所需的地塊大小。

目標 A：短捷、直達以及多樣的步行和騎行路徑

最直接反映行人步行道網絡的連通度是城市街區的尺度，此處「城市街區」定義為一系列阻礙公共行人通道的相連物業。該定義或許與以街道界定的城市街區不同，因為開放的人行通道可穿過超大街區或者建築，而不管其屬性是公共的還是私有的。推崇最長街區介面長度介於 100-150 公尺的開發專案能得分，應注意大多數城市街區是非方形的。

目標 B：步行和騎行比機動車出行更便捷

步行和騎行的良好連通性是 TOD 一項重要特徵，而非促進機動車交通出行的機動車道連通性。如優先的連通性，通過對比機動車與非機動車的連通性，為非機動交通連通性較高的項目加分。

圖 5.18　連接環境示意圖

說明：日本神戶市的人行街道，以小街區尺度為自行車和行人提供直接的通道和有活力的舒適環境，
　　　且人行道面積大於機動車道面積。

資料來源：作者拍攝。

（四）公共交通　臨近高品質公共交通進行開發

　　本文引用自「紐約交通與政策發展研究所（Institute for Transportation and Development Policy, ITDP）」《大眾運輸導向發展評估標準 3.0 版》，並稍加修改如下說明。步行可達快速且班次頻密的公共交通系統（如軌道交通、BRT 快速公交）是 TOD 概念中必不可缺的，也是《TOD 標準》的基本要求。快速的公共交通服務使行人在除步行、自行車可達範圍以外，與城市取得連通與整合的可能，這對於人們能最大程度上獲取機會和資源至關重要。高效、公平的城市交通出行與密集、緊湊的發展模式相輔相成。公共交通方式多樣，依據承載量由低到高排列，分別有：人力車、黃

包車、雙鉸接公車、火車。快速公共交通在爲沿線提供快捷、高效的出行服務方面起到重要作用，同時作爲其他交通移動方式的核心，服務於整個城市的交通需求。TOD 規劃的實施目標是將城市開發設在高品質公共交通的短距離步行範圍內。比較理想的情況是 500 公尺範圍以內，含繞行不超過 1,000 公尺實際步行距離（約爲 20 分鐘步行）即可到達快速、班次頻密、連線性強的 BRT、軌道或者輪渡服務站點。

目標 A：讓高品質公共交通步行可達

依照當前《TOD 標準》，步行到達最近快速公共交通站點的可接受距離在 1,000 公尺以內，或步行到達能接駁 5 公里內快速公共交通網絡的高頻區域公交在 500 公尺以內，轉乘站的設計應簡便，且與快速公共交通服務的連接是可以向所有人開放的，而到達公共交通的步行距離是 TOD 的必要條件。

圖 5.19　高品質公共交通環境示意圖

說明：加拿大溫哥華的 BRT 站，同時整合了當地公共自行車系統。

資料來源：作者拍攝。

（五）混合　規劃功能、人口結構、收入水準混合的社區

本文引用自「紐約交通與政策發展研究所（Institute for Transportation and Development Policy, ITDP）」《大眾運輸導向發展評估標準 3.0 版》，並稍加修改如下說明。在地區範圍內，若互補的功能和活動能進行有機地混合（如居住、工作和本地零售商業），則很多日常出行都能保證是短途且步行可達。不同用地功能的高峰使用時間不一，使得街道能長時間保持活力和安全。功能的多樣化促進步行和騎行，帶動工作外時間的公共交通服務需求，營造一個有活力的、完整的宜居環境。不同年齡、性別、收入和其他人口構成特徵的人群可在公共場所內安全互動。住房選擇的多樣性使不同收入群體更有可能在工作地點附近居住，同時防止依賴廉價公共交通的低收入居民被有組織地放置在服務設施較差的城市邊緣地區。高峰和平峰時段進出城的通勤交通從而更有可能趨於相對平衡，使公交系統和運營更高效。因此，混合原則的兩個體現目標為：互補的活動與土地利用的平衡供給，以及居民收入水準和人口構成的多樣化混合。

目標 A：步行可達範圍內生活機能充足；公共空間長時間保持活躍

為使日常出行能便捷且步行可達，平衡進出城的公交出行以及讓鄰里保持全天候活躍與安全。若項目為混合利用，自身能達到內部平衡，則對所在區域的充分平衡也起促進作用。如果一個區域只有一種功能，或某種功能占主導地位（如商務區的辦公樓宇），那麼最好的平衡方式是引進新的功能和活動，以中和減弱該區域功能單一的狀況。該指標關注的是所有人群是否可在當地獲取新鮮食物、上學、到醫院就醫或藥房買藥。新鮮的食物不僅是日常生活的必需品，另一方面也是用於評價更大層面的基礎物質供應是否合理、易評估、可靠的方法，因為新鮮食物比那些不會腐爛的物品有更嚴格的供應鏈要求。小學和本地醫療服務的供給管控各異，但這些都是必不可少的基本服務，對貧困家庭來說尤為重要。能夠步行上學，帶給

居民的不僅是便利，還有步行帶來的健康和較低的交通成本。對公眾開放的公園和遊樂場地有多種好處，如從改善空氣品質、減少熱島效應到提高居民身心健康與舒適，公園和遊樂場地的可達性對城市貧困人士尤爲重要，因爲他們幾乎無法進入私人設施，也沒有機會暫時離開都市生活去度假。

目標 B：當地居民應涵蓋多樣化的人口結構和收入群體

　　對長期可持續環境發展而言，社會公平的重要性也是重要的一環。尤其收入的多樣性與各種活動及功能的多樣性，對實現更公平和可持續的社區和城市而言同樣重要，爲了促進社會公平，透過包容性的資源分配、交通規劃、住房政策等，以及在城市不同地區以公平分配來實現，且在安全的前提下就地改善非正規住房，並整體保留居民和社區免遭重建造成的非自願遷移。

圖 5.20　多樣化步行環境

說明：日本仙台市的步行商店街，該區域內步行活動全日活躍，得益於沿街興旺的商業活動。

資料來源：作者拍攝。

（六）密集 根據公共交通運載能力提高密度

本文引用自「紐約交通與政策發展研究所（Institute for Transportation and Development Policy, ITDP）」《大眾運輸導向發展評估標準 3.0 版》，並稍加修改如下說明。要為未來城市發展具備足夠快速、密集、連線性佳及可靠的大眾運輸服務，高密度的開發模式必不可少，以確保人們在日常生活無需依賴汽車和摩托車。部分由於固有發展侷限的區域可通過高品質公共交通進行補足，無論是為了滿足該類區域的城市發展，或是提供足夠的旅次數以支撐高品質公共交通服務設施和證明其合理性，足夠的城市密度都是必要的。從這個角度來看，比起如今以車為本、城市蔓延的模式，城市的設計及配套應在單位面積中容納更多人與活動，此外也應同時支援令人嚮往的生活模式。

大眾運輸導向的高密度開發能促進地區聚集人氣、朝氣蓬勃、活躍、熱鬧和安全，成為令人嚮往的居住地，同時能提供消費群體基礎和步行交通量，推動當地商業蓬勃發展，並支援更多服務及娛樂設施。一般來說，在能保證採光和通風、公園和娛樂空間，且自然系統和歷史文化資源得以保護的情況下，應充分地增加城市開發密度。全球多個大城市裡深受喜愛的社區表明，高密度的居住環境同樣是極具吸引力的。我們需要考慮的是如何以可支付的成本來推廣城市高密度開發的好處，調動資源建設合適的設施和服務，並對易導致低密度開發的土地利用規範和其他開發政策框架進行革新修編。該原則下的目標強調對居住和非居住進行混合型高密度開發，以支援高品質公共交通、本地的服務和活躍的公共空間。

目標 A：以高居住密度和就業密度來支援高品質公共交通、基本服務以及公共空間活躍度的發展

建成環境中可作為此項目評估因素有：(1) 每公頃所含的就業數和每日訪客數、(2) 容積率（FAR），該資料通常較容易獲取或依據現況土地

使用狀況觀察可以得到。在場站 500 公尺步行範圍內提高建設密度是首選，如「居住密度」以住宅單元的密度作爲居住密度的評估指標。

圖 5.21　高密度、高混合密度居住環境

說明：日本東京市的商業發展區，混合高密度商業和居住辦公兩用的大樓，同時施行人車分離，實現
　　　行人優先的通行環境，就算已進入傍晚也仍有許多行人走在路上，行人步行也支持著道路兩側
　　　的商店。

資料來源：作者拍攝。

（七）緊湊　創建短距離通勤區域

　　本文引用自「紐約交通與政策發展研究所（Institute for Transportation and Development Policy, ITDP）」《大眾運輸導向發展評估標準 3.0 版》，並稍加修改如下說明。緊湊性是 TOD 的基本組成原則：具備所有必要組

成部分和特徵，實現便捷，提高空間效率。緊湊型城市內，出行距離縮短，各行為活動間的耗時耗能更少，因此所需建設的大量昂貴基礎設施也更少，即便使用更高的規劃及設計標準，整體耗資也更低；同時建議優先加密和重新開發建成土地以保護農村土地。緊湊原則在鄰里尺度下也適用，通過良好的步行和騎行連接以及與公交網站接駁來實現空間整合。在城市尺度下，緊湊意味著城市可在空間上實現公共交通系統的整合與全覆蓋。這一原則的兩個目標體現主要為：開發項目臨近現有城市活動範圍，以及到達市中心或區域主要出行目的地的出行時間縮短。

目標 A：新開發區域應位於或者緊鄰建成區

為了促進城市的高密度發展，高效利用已開發的閒置土地，例如棕地（被棄置的工業或商業用地而可以被重複使用的土地），而「城市地段」代表項目應位處或緊鄰都市區。

目標 B：城市中出行便捷

鼓勵專案選址在擁有多種交通出行模式的地區，包括各種快速的當地公交服務，以及滿足不同出行需求的輔助客運系統，以鼓勵更多的人使用大眾運輸。

（八）轉變　規範停車、路權分配，提升出行能力

本文引用自「紐約交通與政策發展研究所（Institute for Transportation and Development Policy, ITDP）」《大眾運輸導向發展評估標準 3.0 版》，並稍加修改如下說明。如果可以落實本 TOD 規劃的 8 個原則，對大多數人來說，在日常生活中使用私人機動車已經沒有過多的必要，而其產生的不良影響也隨之大幅減少。步行、自行車和高品質公共交通的使用是便捷、安全的選擇，無車生活方式可由多樣化的接駁換乘公交服務加以支

圖 5.22　緊湊的土地使用環境

說明：日本東京市的土地使用規劃，高強度緊湊的土地使用，可大為縮短步行距離，提升步行意願與
　　　土地使用效率。

資料來源：作者拍攝。

援，如有需要人們可以另外租用車輛。此時寶貴的城市空間資源可以從非
必要的機動車道和停車空間中釋放出來，轉換成社會效益和經濟效益更高
的用途。以達到積極地、循序漸進地減少占據城市空間的機動車道和停車
空間，使交通出行比例從私家車交通轉向更可持續和公平的交通模式，包
括足夠的步行、自行車、公共交通和偶爾的汽車共用或租賃。以下的執行
目標著眼於最大程度減少為機動車提供的過多空間，其中城市發展的實踐
和政策能帶來具體的影響。然而，要減少人們對小汽車和摩托車的依賴，

還需要廣泛採取包括財政和規範方面的其他一系列政策。

目標 A：機動車所占空間最小化

在滿足前述原則及營造出友善步行環境的情況下，即可減少路邊停車格的配置，藉由降低開車外出的方便性，達到減少私人運具的使用。另外，可藉由機動車出入口密度，計算步行道被機動車出入口打斷的頻率進行量化，並鼓勵減少機動車出入口的設置；以及機動車道空間，統計小汽車占用的街道空間總面積，包括行駛道路和路內停車所占空間，但不包括公車專用道等皆可作為評估項目。

圖 5.23　路權分配環境

說明：日本大阪市對於居民日常外出的步行環境進行轉變與改善。

當地因條件限制，而無法設置行人專用道，所以直接於車用道路上劃設行人專用路線，並以綠色明顯地區隔行人與汽車。

不僅可達到減少道路違規停車的情況，使該地區的步行連線性大為提升，同時為行人和騎行者提供便捷的通行環境。

資料來源：作者拍攝。

第六章　不動產開發方式

第一節　捷運周邊相關土地開發辦法

大眾捷運周邊土地開發依據如下二種法規進行規劃與開發。

一、大眾捷運系統土地開發辦法

第一章　總則

第 1 條

本辦法依大眾捷運法（以下簡稱本法）第七條第七項規定訂定之。

第 2 條

大眾捷運系統路線、場、站土地及其毗鄰地區土地之開發依本辦法之規定。

第 3 條

本辦法用詞，定義如下：

一、開發用地：係指大眾捷運系統路線、場、站土地及其毗鄰地區之土地，經主管機關核定為土地開發之土地。

二、土地開發：係指主管機關自行開發或與投資人合作開發開發用地，以有效利用土地資源之不動產興闢事業。

第 4 條

大眾捷運系統土地開發之主管機關，為各該大眾捷運系統主管機關或交通部指定之地方主管機關；其執行機構為各該大眾捷運系統主管機關所屬或許可之工程建設機構、營運機構或其他土地開發機構。

前項主管機關辦理本法所規定之土地開發事宜，得委任或委託執行機構為之。

前項情形，應將委任或委託事項及法規依據公告，並刊登政府公報。

第 5 條

（刪除）

第二章　土地開發之規劃及容許使用項目

第 6 條

　　辦理土地之開發時，執行機構應擬定開發範圍，報請主管機關核定實施。

第 7 條

　　主管機關為辦理各開發用地之興建前，應將用地範圍、土地使用分區管制規定或構想、建物設計指導原則（含捷運設施需求及設計）、開發時程及其他有關土地開發事項公告並刊登政府公報。

第 8 條

　　開發用地內之捷運設施屬出入口、通風口或其他相關附屬設施等，經主管機關核准得交由投資人興建，其建造成本由主管機關支付。

第 9 條

　　主管機關得依區域計畫法或都市計畫法之規定，就大眾捷運系統路線、場、站土地及其毗鄰地區，申請劃定或變更為特定專用區。

　　開發用地及前項特定專用區之建築物及土地使用，應符合非都市土地使用管制或都市計畫土地使用分區管制之規定。

第三章　土地取得程序、開發方式及投資人甄選程序

第 10 條

　　大眾捷運系統開發用地屬公有者，主管機關得依本法第七條第四項規定辦理有償撥用。

第 11 條

　　大眾捷運系統開發所需用地屬私有而由主管機關依本法第七條第四項規定以協議價購方式辦理者，經執行機構召開會議依優惠辦法協議不成時，得由主管機關依法報請徵收。

第 12 條

　　以市地重劃方式取得開發用地時，由主管機關擬定市地重劃計畫書，送請該管市地重劃主管機關依平均地權條例有關規定辦理。

第 13 條

　　以區段徵收方式取得土地開發用地時，由主管機關擬定區段徵收計畫及徵收土地計畫書，送請該管區段徵收主管機關依本法第七條第五項、第六項規定辦理。

第 14 條

　　開發用地由主管機關自行開發或公告徵求投資人合作開發之。

　　主管機關與投資人合作開發者，其徵求投資人所需之甄選文件由執行機構報請主管機關核定後辦理。

第 15 條

　　主管機關依前條規定辦理徵求投資人時，申請人應於公告期滿後一個月內，依甄選文件備具下列書件各二份及申請保證金，向主管機關提出申請：

一、申請書：載明申請人姓名、出生年月日、職業、住所或居所、身分證統一編號或法人名稱、主事務所、代表人姓名，申請土地開發之地點及範圍。

二、申請人身分證影本、法人登記證明文件。

三、財力證明文件或開發資金來源證明文件及類似開發業績證明文件。

　　前項財力及開發資金基準，由主管機關定之。

第四章 申請投資表件及審查程序

第 16 條

依前條申請土地開發者應自公告期滿後四個月內提出開發建議書二份，逾期視為撤回申請；其開發建議書應包括下列事項：

一、基地位置、範圍與土地權屬。

二、土地權利取得方法與使用計畫、開發成果處分方式。

三、開發項目、內容與用途。

四、建築計畫：包括建築設計、結構系統、設備系統、營建工法、建材規格及工程預算書等。

五、依建築相關法令應檢附之防災計畫。

六、依水土保持、環境保護相關法令提送水土保持計畫、環境影響評估計畫等。

七、與捷運系統相關設施銜接計畫。

八、財務計畫：包括財務基本假設與參數設定、預估投資總金額、預估營運收支總金額、資金籌措與償還計畫、分年現金流量及投資效益分析。

九、開發時程計畫。

十、營運管理計畫。

十一、申請人與主管機關、土地所有人合作條件、分收比例及其他相關權利義務文件。

十二、其他有關事項文件。

主管機關得考量基地條件、捷運設施、以設定地上權方式或合併不同基地作開發辦理等特殊情形，酌予調整前條、本條所定期限及甄選文件並公告。

有二以上申請人申請投資時，除斟酌各申請人之開發能力及開發建議

書外，以其開發內容對於都市發展之貢獻程度及其提供主管機關獲益較高者為優先考慮因素。

第 17 條

　　執行機構受理申請投資土地開發案件時，應就申請投資書件先行審查，所備書件不合規定且屬非契約必要之點者，執行機構應詳為列舉通知申請人限期補正，逾期不補正或補正不全者，視為放棄投資申請。

　　執行機構受理前項完成補正之申請案件，應於三個月內會同有關機關就申請資料完成審查或評選，並報主管機關核定土地開發計畫。但申請案件須變更都市計畫、區域計畫或案情繁複者，得延長之。

　　前項審查或評選得通知申請人或有關機關。

第 18 條

　　依前條規定核定取得投資權之申請案件，由執行機構通知申請人依審定條件於書面通知到達日起三十日內簽訂投資契約書，並繳交預估投資總金額百分之三之履約保證金。不同意主管機關審定條件或未於限期內簽訂投資契約書，並繳交履約保證金者，視同放棄投資權，執行機構得由其他申請投資案件依序擇優遞補或重新公開徵求投資人。

第 19 條

　　前條履約保證金，申請人應以現金逕向執行機構指定之金融機構繳納，或以下列方式辦理：

一、銀行本行本票或支票、保付支票。

二、無記名政府公債。

三、設定質權予執行機構之銀行定期存款單。

四、銀行開發或保兌之不可撤銷擔保信用狀繳納。

五、取具銀行之書面連帶保證。

六、保險公司之連帶保證保險單。

　　前項保證金於計畫範圍內之工程完成百分之五十後，無息退還二分

之一，開發計畫建築物全部領得使用執照後，無息退還原保證金之四分之一，餘款於不動產登記完畢，並交付所有人後十日內，無息退還。

第 20 條

投資人應自簽訂投資契約書之日起六個月內，依建築法令規定申請建造執照。前項建造執照之申請，若因其他相關法令規定須先行辦理相關書圖文件送審，或有不可歸責於投資人之原因並經主管機關同意者，其作業之時間得不予計入。

第一項建造執照內容變更時，應先經執行機構同意後，再依建築法令規定辦理。

第五章　監督、管理及處分

第 21 條

建物全部或部分出租、設定地上權或以其他方式交由投資人統一經營者，投資人應於申請投資案核定後，檢具其所訂營運管理章程報經執行機構核轉主管機關核定，建物產權登記前併同營運人與執行機構簽訂營運契約書，依本辦法規定受執行機構之監督與管理。

建物非屬統一經營者，投資人得參照公寓大廈規約範本研訂管理規約，並納入與捷運有關之特別約定事項，報經執行機構核轉主管機關核定後請照、興建。

區分所有權人不得以會議決議排除第一項營運管理章程及營運契約之規定，及第二項管理規約之特別約定事項，專有部分有讓售等處分行為時，應於移轉契約中明定，須繼受原區分所有權人依公寓大廈管理條例及本條文之規範。

第 22 條

依土地開發計畫要求設置之公共設施建築及維護費用，由投資人負擔或視合作條件依協議比例分擔，並由執行機構或該公共設施主管機關代為

施工或派員協助監督施工。

　　前項屬道路、人行陸橋及地下穿越道之公共設施；應於興建完成後將該部分之產權捐贈各該公共設施所在地之地方政府，並交由公共設施主管機關管理維護。

第 23 條

　　執行機構於必要時，得經主管機關核准，出租或出售開發之公有不動產，其租售作業要點由主管機關另定之。

第 24 條

　　投資人有下列情形之一者，執行機構得報請主管機關核准後解除投資契約：

一、違反第二十條之規定者。

二、建造執照被作廢或註銷者。

三、違反第二十一條第一項之規定者。

第 25 條

　　投資人營運時有下列情形之一者，執行機構應通知限期改善，逾期不改善者，該執行機構得報經主管機關核准後終止契約：

一、地下商場，人行陸橋或地下道等工程附屬設施擅自增、修、改建者。

二、依土地開發計畫興建之開發設施未盡管理及養護責任，且不服從執行機構之監督與管理者。

三、不依主管機關核備之營運管理章程使用開發設施者。

　　投資人有前項各款情形之一者，執行機構於必要時得報經主管機關核准後逕為封閉或拆除之，所需費用由營運保證金扣抵。

第六章　獎勵

第 26 條

依本辦法申請投資土地開發案件，其符合獎勵投資法令有關規定者，得依法申請減免稅捐。

第 27 條

土地開發計畫經核准後，執行機構得協調政府相關單位配合興修計畫地區外關聯性公共設施及提供技術協助。

第 28 條

主管機關得協助投資人洽請金融機構辦理優惠或長期貸款。

第 29 條

依本辦法申請投資土地開發且無償提供捷運設施所需空間及其應持分土地所有權者，其建築物樓地板面積與高度得依下列規定放寬：

一、除捷運設施使用部分樓層不計入總樓地板面積外，得視個案情形酌予增加，但增加之樓地板面積，以不超過提供捷運系統場、站及相關設施使用之土地面積，乘以地面各層可建樓地板面積之和與基地面積之比，乘以二分之一為限。

二、除捷運設施使用部分樓層之高度得不計入高度限制外，並得視個案情形酌予增加，但增加部分以不超過該基地面前道路寬度之一倍，並以三十公尺為限。

第 30 條

若捷運系統工程建設因時程緊迫，執行機構於開發用地內，先行構築捷運設施，投資人於未來開發時，須償還因配合開發所增加之基本設計費及共構部分之細部設計費及施工費，但免計利息。

第七章　附則

第 31 條

執行機構應將下列條文載明於所訂契約中，作為契約內容之一部分：

一、投資契約書：第二十條至第二十二條、第二十四條及第二十五條。

二、營運契約書：第二十三條及第二十五條。

第 32 條　　本辦法自發布日施行。

二、大眾捷運系統建設及周邊土地開發計畫申請與審查作業要點

一、為審議地方主管機關提出之大眾捷運系統建設及周邊土地開發計畫
（以下簡稱本計畫），交通部考量都市發展及大眾運輸系統整合，
並結合沿線都市更新及土地開發效益等因素，作為申請計畫之審議依
據，期能共創捷運建設與土地開發整合效益，特訂定本要點。

如大眾捷運系統範圍跨越不相隸屬之行政區域者，由各有關直轄
市、縣（市）政府協議決定地方主管機關；協議不成者，由交通部指
定之。

二、地方主管機關辦理可行性研究前，應先完成都市發展規劃、綜合運輸
規劃作業程序，並提出大眾捷運系統整體路網評估計畫報告書送交通
部審議；其報告書應包含下列項目：

（一）都市發展願景：國土及區域等上位計畫、空間發展構想與人口、
產業發展預測、整體運輸規劃。

（二）都市整體公共運輸規劃

1. 現況都市公共運輸發展情形，包括：

(1) 過去五年公共運輸預算平均支出比例。

(2) 公共運輸使用情形。

2. 提升未來公共運輸使用比例之作法。

（三）都市整體軌道路網規劃：潛力發展路廊、運量預測、系統型式、路權型式、軌道系統整合規劃、轉乘規劃、營運調度等之初步評估。

（四）捷運整體路網分期發展計畫：優先順序評估、分期發展規劃。

（五）先期路網大眾運輸導向之土地發展構想。

（六）先期路網經濟效益與財務計畫初步分析：包含工程經費概估。

（七）先期路網財源籌措構想：包含本業票收及附屬事業收入、融資、成立捷運建設基金（或專戶）等構想。

（八）未來營運組織之構想。

　　前項審議由交通部高速鐵路工程局（以下簡稱高鐵局）協同交通部運輸研究所等單位專責審查作業。

三、地方主管機關完成大眾捷運系統整體路網評估計畫後，始得選擇其中最優先興建路線辦理本計畫可行性研究；其所需經費得由地方政府自籌經費辦理或依本要點規定提出申請計畫書向交通部申請補助。

四、地方主管機關向交通部申請補助辦理本計畫可行性研究之經費需求，應提出申請計畫書並填列附件一經費申請表報請交通部審核，申請計畫書內容應包含下列項目：

（一）都市公共運輸發展情形，包括：

1. 過去五年公共運輸預算平均支出比例。

2. 都市（會）人口規模。

3. 公共運輸使用普遍性。

(1) 公共運輸使用情形。

(2) 說明積極提升未來公共運輸使用比例之作法。

（二）路廊規劃構想：本計畫路廊辦理大眾捷運系統計畫之必要性，包含採用大眾捷運系統提供公共運輸服務之緣由、說明及永續經營之策略。

（三）路線運量概估：營運目標年沿線廊帶預測運量概估。

（四）大眾運輸導向之沿線土地發展構想。

（五）財源籌措構想。

（六）營運組織構想。

（七）其他相關文件，包含申請補助辦理本計畫可行性研究期程及作業費用之概估。

五、地方主管機關辦理本計畫可行性研究內容應符合行政院所屬各機關中長程個案計畫編審要點、政府公共工程計畫與經費審議作業要點及公共建設計畫經濟效益評估及財務計畫作業手冊等相關規定，並應考慮大眾捷運法第十一條規定因素，將下列事項納入報告書：

（一）大眾捷運系統整體路網評估計畫報告書說明。

（二）社經發展現況與預測、交通運輸系統現況與未來重大交通計畫、及本計畫路線功能定位。

（三）路線方案研擬及篩選，包含路廊運具競合關係及其改善方案（路廊與各運具之競合情形、各運具改善成效對本計畫之影響）。

（四）運輸需求預測初步分析，包含運量預測分析、旅次移轉、運量密度分析。

（五）路線場站規劃初步評估分析，包含路線及車站平縱面規劃、與各運具間轉乘規劃、轉乘動線及票證整合構想，及 1／5,000 比例尺圖說。

（六）工程標準及技術可行性分析，包含以全生命週期成本、資源整合運用等分析之系統型式評選。

（七）土地取得及土地開發初步評估分析，包含土地取得方式分析、土地開發構想及沿線周邊土地使用構想、都市計畫變更內容構想。

（八）營運規劃及機廠規劃構想，包含與其他捷運路線間之整合運用構想。

（九）興建優先次序構想，包含分期分段興建營運之方案、期程、運量、成本及效益等可行性評估。

（十）經濟效益及財務初步評估：

1. 成本估算，包含建造、營運維修、重置成本，與其他計畫之比較。

2. 經濟效益初步評估。

3. 財務效益初步評估，包含票箱收入、附屬事業收入、土地開發及其他可挹注本計畫之外部效益、自償率、中央與地方政府分擔經費。

4. 新增（含延伸）路線加入對營運機構之整體捷運路網（含已通車及已核定路線）之營運財務效益初步分析（不含外部效益），包含邊際收益、邊際成本、運量密度變化、營運損益平衡點變化等初步分析。確保整體路網邊際收益大於邊際成本之初步因應構想。

5. 地方財源籌措分析，包含成立基金（得比照「自償性公共建設預算制度實施方案」辦理）或專戶之經費來源、運用方式，計畫執行期間，地方債務舉借情形及自籌財源能力分析。

6. 民間參與可行性評估。

7. 營運永續計畫構想。

（十一）計畫影響分析，包含交通衝擊分析、環境影響說明或評估、民意溝通協調情形、替代方案評估及優劣分析。

（十二）公共運輸系統整合初步規劃，包含公共運輸整合規劃構想及相關配套。

（十三）全生命週期之風險管理，包含風險項目或情境分析、敏感度分析、風險分布、影響程度概估、風險處理構想、風險圖像矩陣及預估殘餘風險初步分析等。

（十四）地方政府承諾事項，包含運量培養具體措施、期程規劃、績效指標（含綜合規劃提報時可達成之短期績效指標）、工程建設

　　　　　機構成立及執行能量分析、營運機構經營型態、成立營運基金
　　　　　或專戶、自負盈虧、優惠措施，地方政府負擔之經費，及地方
　　　　　議會出具同意本計畫之相關文件等。

（十五）依據報告書內容填具附件二「大眾捷運系統建設及周邊土地開
　　　　　發計畫檢核評估表」。

　　　　　地方主管機關推動個案計畫可行性研究時，應配合成立推動小
　　　　　組，整合有關地方政府跨局處（含交通、都計、財政、工務）
　　　　　等業務，並由地方主管機關副首長以上層級擔任召集人，其所
　　　　　完成之可行性研究報告書應經推動小組審核同意後，始得陳報
　　　　　交通部核轉行政院核定。

六、本計畫可行性研究報告書經核定後，地方主管機關始得辦理本計畫之
　　綜合規劃。綜合規劃報告書內容應包含下列事項：

（一）大眾捷運法第十二條所規定之規劃報告。

（二）可行性研究核定內容說明。

（三）社經發展現況與預測、交通運輸系統現況與未來重大交通計畫、
　　　　及本計畫路線功能定位。

（四）路線方案檢討及調整。

（五）運輸需求預測分析，包含運量預測分析、旅次移轉、運量密度分
　　　　析。

（六）路線及車站規劃，包含路線、車站平縱面規劃、車站與各運具間
　　　　之轉乘整合規劃（含票證整合），均需提供1／1,000比例尺圖說。

（七）工程標準及技術可行性，包含系統型式、系統技術分析、工程可
　　　　行性分析，與相關界面機關協調取得共識之相關文件。

（八）土地取得評估及土地開發，包含土地取得方式評估及與地方民意
　　　　溝通協調情形、土地開發計畫，以及土地取得及開發所需進行之
　　　　都市計畫變更內容、大眾運輸導向之車站及沿線土地使用檢討構

想。

（九）營運規劃及機廠規劃，包含與其他捷運路線間之整合運用規劃。

（十）興建優先次序，包含興建期程、成本及效益分析等。

（十一）經濟效益及財務評估：

1. 成本估算，包含建造、營運維修、資產設備汰換及重置成本估算。

2. 經濟效益評估。

3. 財務效益評估，包含票箱收入、附屬事業收入、土地開發及其他可挹注本計畫之外部效益、自償率、中央與地方政府分擔經費。

4. 經費增加之責任分擔，與可行性研究估算經費差異原因及責任歸屬，如屬地方需求可控制因素，所增經費由地方政府全額負擔。另修正計畫與綜合規劃估算經費差異者，亦同。

5. 新增（含延伸）路線加入對營運機構之整體捷運路網（含已通車及已核定路線）營運財務效益評估（不含土地開發及其他外部效益），包含邊際收益、邊際成本、運量密度變化、營運損益平衡點變化等評估。

6. 財源籌措計畫及財務策略，包含成立基金（得比照「自償性公共建設預算制度實施方案」辦理）或專戶之經費來源、運用及用途，計畫執行期間，地方債務舉借情形及自籌財源能力分析。

7. 民間參與方式規劃。

8. 營運永續規劃。

（十二）計畫影響分析：包含交通衝擊分析及改善方案、環境影響說明或評估、召開公聽會經過及徵求意見處理結果，以及替代方案評估及優劣分析。

（十三）公共運輸系統整合計畫執行情形及成效檢討。

（十四）全生命週期之風險管理，包含風險項目或情境評估、敏感度分析、風險分布、影響程度評估、風險處理計畫、風險圖像矩陣

及預估殘餘風險說明等。

（十五）地方政府承諾事項，包含運量培養措施執行情形、績效指標
成效檢視（含可行性研究所提短期績效指標）及後續改善措施
與進程規劃、工程建設機構成立及執行能量分析、確定營運機
構、自負盈虧、優惠措施、地方政府負擔之經費額度、地方議
會同意成立本計畫基金之相關文件、成立捷運基金或專戶並依
財務計畫提撥一定經費至該基金或專戶內、未來票收比及進程
規劃等。

（十六）其他，包含計畫績效指標、衡量標準、目標值。

（十七）依據報告書內容填具附件二「大眾捷運系統建設及周邊土地開
發計畫檢核評估表」。

地方政府辦理前項綜合規劃作業程序，必要時可循都市計畫法
相關法令規定辦理禁限建之公告前置作業。地方主管機關推動
個案計畫綜合規劃時，應配合成立推動小組，整合有關地方政
府跨局處（含交通、都計、財政、工務）等業務，並由地方主
管機關副首長以上層級擔任召集人，其所完成之綜合規劃報告
書應經推動小組審核同意後，始得陳報交通部核轉行政院核定。

七、交通部審核第五點可行性研究報告書及前點綜合規劃報告書，應一併
檢視經濟及財務效益，其相關指標計算方式：

（一）經濟效益評估指標

1. 淨現值，值為正。

2. 益本比應大於 1。

3. 內生報酬率。

（二）財務評估指標

1. 自償率。

2. 經營比應大於 1（包含本計畫之個別經營比，及加入整體捷運路

網營運後對整體路網之經營比影響分析）。

3. 負債比例。

前項經濟效益評估指標，應將系統全生命週期成本、旅行時間節省效益、行車成本節省效益、肇事成本節省效益、環境汙染減少效益、土地增值效益等作為計算項目；另財務評估指標（包含運輸本業、附屬事業、大眾捷運法第七條規定之土地開發，及其他可挹注本計畫之租稅增額、增額容積等外部效益）應分別就財務之保守、中估及樂觀情境進行分析。

中央與地方政府經費分擔依附表之自償率及非自償中央補助比例計算之。

地方主管機關所提之自償率未達附表所列最低值，應以其他替代方式辦理或就財務可行性再評估後另案提報。

八、交通部辦理地方主管機關之綜合規劃報告書審查完竣，於核轉行政院前應確認地方主管機關完成下列事項：

（一）變更都市計畫案，至少應送請地方政府都市計畫委員會審議。

（二）擬訂環境影響說明書或評估報告書，並經行政院環境保護署審議通過。

（三）運量培養之具體配套作為及可行性研究階段所提績效指標之達成情形。

（四）地方財源籌措計畫（包含審議過程中財主單位審查意見之檢討處理）。

九、本計畫綜合規劃核定後，地方主管機關應依政府公共工程計畫與經費審議作業要點辦理基本設計審議，其變更都市計畫案應於一定時間內，完成內政部都市計畫委員會審定及內政部核定，且應成立捷運建設基金或專戶，再依財務計畫提撥一定經費至該基金或專戶內，確保計畫財源。

十、交通部為審查本計畫可行性研究及綜合規劃報告書，應成立「大眾捷

運系統建設及周邊土地開發計畫審查會」（以下簡稱審查會），專責審查作業，並由高鐵局擔任審查會之幕僚機關。

前項審查會必要時得成立專案工作小組辦理初審作業，並先確認工程可行性及財務可行性後，再就其他事項進行初審，其相關人員由高鐵局派員擔任。

十一、審查會由下列委員十七人組成之：

（一）交通部指派次長二人爲委員分別兼召集人及副召集人，高鐵局局長爲委員兼執行秘書。

（二）其餘委員由交通部派聘有關部會單位主管、業務機關之首長或代表、及具財務、都計、地政、交通、土地開發等學者專家擔任之，其中學者專家人數不得少於三分之一。

委員任期爲三年，期滿得續聘之。

十二、審查會會議，由召集人召集之，並爲主席，召集人因故未能出席時，由副召集人代理之。

召開審查會會議時，得邀請有關機關人員列席，並應有三分之二以上之委員出席，其決議應經出席委員過半數之同意行之。

十三、審查會委員及工作小組成員均爲無給職。辦理現勘及會議等所需費用，由交通部相關預算支應。

十四、交通部補助地方主管機關辦理本計畫大眾捷運系統整體路網評估計畫、可行性研究及綜合規劃之作業經費，得準用「中央對直轄市及縣（市）政府補助辦法」第七條規定辦理，且對同一計畫之補助原則以一次爲限。

十五、本要點施行前，地方主管機關未提出大眾捷運系統整體路網評估計畫報告書者，應依本要點規定報交通部辦理審議。

本要點施行前，已辦理但未奉行政院核定之可行性研究及綜合規劃，應由地方主管機關依本要點規定補充相關資料，報交通部辦理

審查作業。本要點施行前，已奉行政院核定並執行中之計畫，因配合法規異動或經費基準調整辦理修正者，不適用本要點規定。

十六、本要點之細部作業規定，交通部得會商行政院主計總處、國家發展委員會、財政部、內政部等機關定之。

十七、本要點之作業流程如附圖。

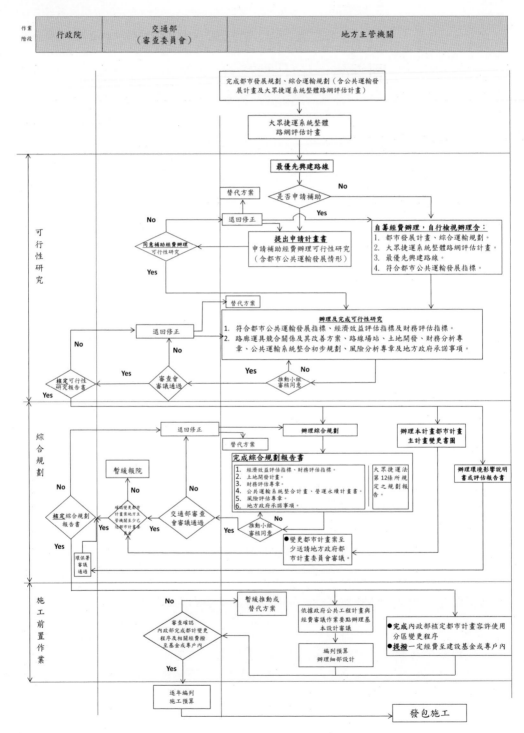

大眾捷運系統建設及周邊土地開發計畫申請與審查作業流程圖

第二節　以增額容積籌措財源進行捷運周邊土地開發

一、辦理依據

1. 總統府財經月報 99 年第 1 次會議指示「評估政府透過出售容積率，以增裕財政收入之可行性」。

2. 99 年 12 月 31 日、100 年 5 月 13 日及 7 月 1 日行政院經建會召開加速公共建設推動小組第 3 次、第 5 次及第 6 次會議，「請內政部研議『重大公共建設影響範圍土地增額容積標售處分收入納入建設基金可行性』，並訂定運作要點」。

3. 內政部配合研訂「以增額容積籌措重大公共建設財源運作要點（草案）」，提報行政院經建會加速公共建設推動小組召開多次會議討論及修正後，由該會彙整納入「跨域加值公共建設財務規劃方案」中，該方案於 101 年 4 月 13 日陳報行政院核示。

4. 行政院於 101 年 7 月 24 日核定「跨域加值公共建設財務規劃方案」。

核復事項一：

　　本方案為提升政府公共建設之財務效能，將公共建設與周邊土地、財務、基金、等多向度運用整合規劃，並將外部效益內部化，提高計畫自償性、挹注公共建設經費及籌措未來營運財源，以同時達成減輕政府財政負擔、加速推動公共建設之目標，既經整合各部會意見，並將整合成果提報行政院經建會委員會議討論通過，請各部會依照本方案推動實施基本原則積極辦理；個案審議時並請行政院經建會依計畫審議程序審核辦理。

核復事項二：

　　對於不同類型之公共建設，本方案可採逐步推動之方式辦理，先選定執行面較為可行且財務效益較高之個案計畫，作為示範案例，並依示範案

例操作經驗推廣辦理。未來並應視實際執行情形與成果，再就方案內容及適用案件適時作滾動式檢討。

核復事項三：

　　未來各部會提報之新興計畫及實質修正計畫，主管部會應依據本方案，因地制宜審酌訂定可行之財務策略、自償率門檻及相關作業要點報院，作爲審議計畫之參據；個案計畫提報時應於部會中程概算額度內，並研提具體可行之財務計畫併同報院。

核復事項四：

　　請行政院經建會加強辦理相關教育訓練及溝通作業，並積極協調地方政府配合推動。同時，請各相關部會協助地方政府於後續提報公共建設計畫時，切實依據本方案辦理。

二、增額容積可以配合辦理變更都市計畫

　　地方政府應配合重大公共建設計畫規定，循都市計畫法定程序，配合辦理下列事項：

（一）變更主要計畫，其內容應視實際需要表明下列事項：

1. 重大公共建設影響範圍。

2. 分析重大公共建設影響範圍內之土地使用分區別原基準容積、獎勵容積及都市發展容受力。

3. 增額容積實施地區。

4. 增額容積實施地區之粗估增額總容積量。

5. 其他。

（二）變更細部計畫，其內容應視實際需要表明下列事項：

1. 增額容積實施地區。

2. 增額容積實施地區相關規定：

(1) 依都市計畫法第 27 條之 1 規定，申請建築者於提供或捐贈增額容積價金後，得於增額容積實施地區內之可建築土地申請增額容積建築使用。

(2) 檢討增額容積實施地區內既有都市計畫相關容積獎勵適用項目及訂定容積獎勵上限規定，並檢討增額容積實施地區之容積移轉相關規定。

(3) 增額容積最高上限：依公共建設影響程度、都市發展容受力、土地使用分區別、原基準容積及接受容積範圍等綜合考量，訂定不同之增額容積最高上限。

    a.「增額容積之市場收益」及「增額容積之營建及管銷成本」，由地方政府委託 3 家以上不動產估價師或其他依法得估價者查估後評定之。

    b.「一定比例」由地方政府衡酌該地區容積市場價值後自行訂定。

    c. 委託估價所需費用應由土地權利關係人負擔，另外繳交地方政府。

（三）配合措施：地方政府將增額容積價金等相關資料列專冊管理，依土地參考資訊檔作業要點規定程序登錄於土地參考檔，以提供相關機關及社會大眾參考。

第三節　增額容積機制建立 —— 以桃園市為例

　　桃園市政府都市計畫增額容積與容積移轉代金及捐贈重大公共設施建設計畫土地，其申請案件審查許可要點如下說明。

公發布日：民國 107 年 07 月 10 日

修正日期：民國 110 年 08 月 24 日

發文字號：府都計字第 1100215251 號令

法規體系：桃園市法規 / 都市發展類

一、桃園市政府（以下簡稱本府）為規範本市增額容積、容積移轉代金及捐贈本市重大公共設施建設計畫土地（以下簡稱捐贈重大建設土地）申請案件之審查許可事宜，特訂定本要點。

二、增額容積及容積移轉代金申請案件之實施地區及許可條件，除各都市計畫土地使用分區管制或其他法規另有規定外，依本要點規定辦理。

三、增額容積及容積移轉代金申請審查作業流程如附圖一。

　　位於都市計畫書規定增額容積適用範圍之接受基地，申請全數增額容積，經桃園市不動產估價師公會（以下簡稱公會）發函輪派三家專業估價者後，得向本府申請容積移轉，於取得本府核發增額容積許可證明後，始得申請核發容積移轉許可證明。前項容積移轉如以折繳代金方式辦理者，應向本府申請接受基地條件審查後，始得與增額容積同時申請估價。前二項申請應附文件，由本府公告之。

附圖一 桃園市增額容積及容積移轉代金申請審查作業流程圖

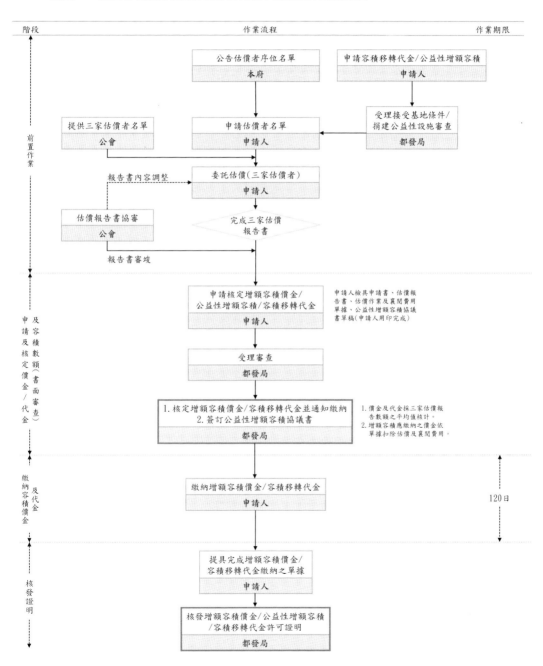

四、捐贈重大建設土地申請審查作業流程如附圖二。

　　申請捐贈重大建設土地者，應向本府申請建築基地條件審查後，始得申請估價。申請建築基地應超過一千平方公尺，並應依下列規定辦理：

附圖二　桃園市捐贈重大建設土地給予等值市價容積申請審查作業流程圖

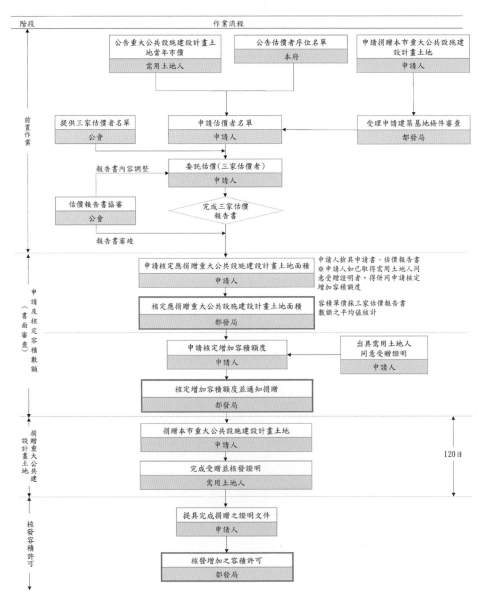

（一）臨接十公尺以上之計畫道路者：

　　1. 臨接該道路之最小單一面寬應大於十公尺。

　　2. 給予容積不得超過該建築基地基準容積之百分之二十。

（二）臨接八公尺以上未達十公尺之計畫道路者：

　　1. 臨接該道路之最小單一面寬應大於十公尺，臨接範圍須全長開闢，並二向連通至開闢寬度達八公尺以上之計畫道路，其連通路段須為開闢寬度達四公尺以上之計畫道路。但有開闢困難者，其中一向得以開闢寬度達八公尺以上並經行政機關養護、管理之既成道路或現有巷道替代。

　　2. 接受基地如臨接二條以上計畫道路者，得擇一檢討。

　　3. 給予容積不得超過該建築基地基準容積之百分之十。

五、申請增額容積、容積移轉代金及捐贈重大建設土地，應由申請基地之土地所有權人或公有土地地上權人檢附申請書，向本府都市發展局（以下簡稱都發局）提出申請。接受基地以都市更新權利變換實施重建者，得由實施者提出申請。

六、增額容積價金、容積移轉代金及捐贈重大建設土地價值計算方式如下：

（一）增額容積價金＝含增額容積之接受基地價格－未含增額容積之接受基地價格：

　　1. 含增額容積之接受基地價格：指容積增額後之地價，基地容積之評估基礎應包含基準容積、容積移轉、捐贈重大建設土地、都市更新、高氯離子鋼筋混凝土建築物及其他都市計畫獎勵容積等加計增額容積，且為實際申請額度，非上限額度。

　　2. 未含增額容積之接受基地價格：指容積增額前之地價，基地容積之評估基礎應包含基準容積、容積移轉、捐贈重大建設土地、都市更新、高氯離子鋼筋混凝土建築物及其他都市計畫獎勵容積

　　等，且爲實際申請額度，非上限額度。

（二）容積移轉代金＝含折繳代金移入容積之接受基地價格－未含折繳代
　　　金移入容積之接受基地價格：

1. 含折繳代金移入容積之接受基地價格：指折繳代金移入容積後之
　　地價，基地容積之評估基礎應包含基準容積、增額容積、容積移
　　轉、捐贈重大建設土地、都市更新、高氯離子鋼筋混凝土建築物
　　及其他都市計畫獎勵容積等加計折繳代金移入容積部分，且爲實
　　際申請額度，非上限額度。

2. 未含折繳代金移入容積之接受基地價格：指折繳代金移入容積前
　　之地價，基地容積之評估基礎應包含基準容積、增額容積、容積
　　移轉、捐贈重大建設土地、都市更新、高氯離子鋼筋混凝土建築
　　物及其他都市計畫獎勵容積等，且爲實際申請額度，非上限額度。

（三）捐贈重大建設土地價值＝需用土地人當年公告市價 × 捐贈面積。
　　　建築基地增加容積價值＝含捐贈重大建設土地給予容積後之建築基
　　　地價格－未含捐贈重大建設土地給予容積之建築基地價格：

1. 含捐贈重大建設土地給予容積後之建築基地價格：指給予容積後
　　之地價，基地容積之評估基礎應包含基準容積、容積移轉、都
　　市更新、高氯離子鋼筋混凝土建築物、增額容積及其他都市計畫
　　獎勵容積等加計捐贈重大建設土地增加之容積，且爲實際申請額
　　度，非上限額度。

2. 未含捐贈重大建設土地給予容積之建築基地價格：指給予容積前
　　之地價，基地容積之評估基礎應包含基準容積、容積移轉、都市
　　更新、高氯離子鋼筋混凝土建築物、增額容積及其他都市計畫獎
　　勵容積等，且爲實際申請額度，非上限額度。

　　前項第三款捐贈重大建設土地價值應與建築基地增加容積價值相
等。增額容積、折繳代金移入容積及捐贈重大建設土地之建築基地前

後地價評估，以土地開發分析法爲主，並應參酌比較法及市場行情或其他方法共同決定之，如無法以土地開發分析法評估者，應敘明理由並依不動產估價技術規則規定辦理。

七、本府得委託公會協助辦理下列事項後，由本府公告之：

（一）專業估價者遴選作業及建立輪値序位名冊。

（二）估價報告書格式範本。

（三）估價報告書協審、複審及爭議處理事項。

（四）公會協審及專業估價者收費標準。

八、申請增額容積、容積移轉代金及捐贈重大建設土地估價應向公會提出，並依桃園市增額容積、容積移轉代金及捐贈重大建設土地受託專業估價者輪値名冊，依序輪派專業估價者估價及製作增額容積及容積移轉代金報告書。

同時申請增額容積、容積移轉代金及捐贈重大建設土地者，得由相同專業估價者估價。

九、增額容積價金及容積移轉代金數額由都發局依申請人提供三家估價報告書所載增額容積價金及容積移轉代金數額平均計算後，報本府核定，並於都發局通知繳納之次日起一百二十日內，一次繳納完竣後，由本府核發增額容積及容積移轉許可證明，逾期失其效力。

需捐贈重大建設土地面積由都發局依申請人提供三家估價報告書所載容積單價平均計算核定後，通知申請人檢具需用土地人同意受贈證明，申請核定增加容積額度，並於通知之次日起一百二十日內，一次捐贈完竣，並於辦畢贈與登記後，由本府核發容積額度許可證明，逾期失其效力。

申請人如已取得需用土地人同意受贈證明者，得同時申請核定需捐贈土地面積及增加容積額度。第一項及第二項估價報告書自價金、代金及容積單價評定函發文日起三個月內有效。

十、經本府核定之增額容積價金、容積移轉代金數額及應捐贈重大建設土地面積，申請人如因建築基地整體規劃，申請變更容積額度未逾基準容積率之百分之五或變更申請基地面積致容積量變更低於五十平方公尺者，得依原核定平均單位容積價金、代金數額及應捐贈土地面積，於前點通知繳納及捐贈期限內，報本府核定依實際申請額度比例計算。前項變更申請，以一次爲限。

十一、申請人應繳納增額容積價金數額，得於報本府核定時，檢具相關單據向都發局申請扣除委託估價服務費用及公會襄閱費用。

十二、申請人未取得增額容積或容積移轉代金許可證明前，得請求無息退還已繳納之價金。但不得請求退還委託估價服務費用及公會襄閱費用。

十三、本府核發增額容積、容積移轉許可及因捐贈重大建設土地而給予之容積額度證明後，應將相關資料送本府建築主管機關、都市計畫主管機關及土地登記機關辦理套繪、登錄及建檔管理。

十四、增額容積繳納之價金及容積移轉折繳之代金，由桃園市都市發展基金統籌收支。

十五、增額容積及容積移轉代金核准案件，於申請建築執照（含變更設計）時，其建築物規模與估價報告書所載申請增額容積及容積移轉代金後樓層差異達地上層五層以上或地下層二層以上者，應重新辦理估價作業，並補繳價金及代金差額，溢繳者無息退還。

前項重新估價案件，不得申請自增額容積價金數額扣除委託估價服務費用及公會襄閱費。

第四節　以增額容積開發機制檢討

　　大眾運輸導向發展（簡稱 TOD）已然成為臺灣各大都市落實永續交通的重要目標，原因係於 TOD 能有效提升大眾運輸旅次、促進舊市區的再發展與擴大生活型態的選擇性，國內外相關的文獻歸納指出，TOD 是促進區域經濟發展的重要因素，也活絡都市內部產業與引導經濟成長，臺灣當前六都以發展成為 TOD 都市模式為願景，提倡 TOD 的概念，也制訂許多制度、政策與方案，期待能夠達到 TOD 的成效。

　　TOD 落實於都市規劃與土地開發時，可以用 4Ds 來說明：(1) 土地發展範圍（Distance）：以大眾運輸車站為核心，以步行可及為主要的土地開發與發展範圍；(2) 密度強度（Density）：大眾運輸車站周邊土地高強度使用；(3) 混合使用（ Diversity）：大眾運輸車站周邊土地高度混合，結合居住、工作與休閒等機能；(4) 人行導向都市設計（Design）：人本為主的街道設計，具有舒適與順暢的人行動線。其設計理念如下表 6.1 所示，第一個重點是規劃區域，從概念上，為求行人能便利搭乘大眾運輸，設計準則以車站為核心向外輻射距離 400 至 800 公尺為範圍，在這個規劃範圍內，進行三個重要面向土地使用管制的控管，包含提高土地使用強度、增加土地使用混合程度、行人導向的都市設計內涵。

表 6.1　TOD 設計理念之核心原則

設計理念			設計目的	設計準則
一	規劃區域	1. 離車站距離	● 以大眾運輸車站為核心，其步行可及距離為範圍。	■ 400-800 公尺。
二	土地使用	1. 使用強度	● 提高捷運車站周邊土地使用強度。	■ TOD 主要的設計準則，即是要提高土地使用強度。
		2. 混合使用	● 促進土地使用的混合，結合居住、工作與休閒等機能。	■ TOD 主要的設計準則，即是要混合土地使用。
		3. 都市設計	● 人本為主的街道設計，創造一個舒適、順暢的人行動線。	■ 創造公共領域與人性尺度。 ■ 適宜步行的鄰里單元。 ■ 提高人行道之服務品質，加行道樹、增加防風雨設施。 ■ 順暢車站與工作和住宅地點的行人動線。

　　TOD 發展究竟是何種效益，促使六都在開發捷運的同時，也同時極力推動 TOD 理念，政策於制訂時預期之實質效益，如下圖 6.1 所示，實質效益內涵包括如下：促進地區經濟發展、提高地方財政的收益、提高土地利用效率與價值、促進公、私合作開發以減低開發成本、提高搭乘大眾運輸的旅次數、刺激行人步行、減少私人運具旅次數、保護環境資源、刺激內都市再發展與提升運具選擇的公平性。

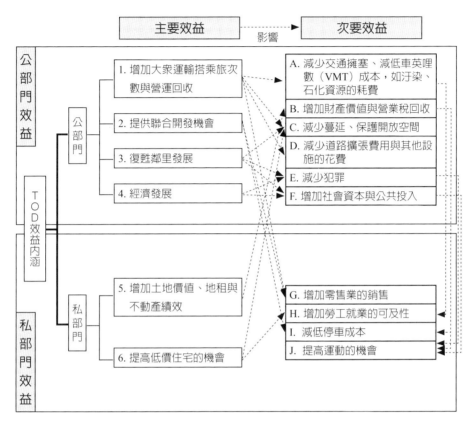

圖 6.1　TOD 開發公私合作，互利共存

　　從政策之制定的效益觀之，若要真正落實 TOD 的成效，公、私部門要緊密配合，才能互相「有利可圖」，如政府部門最主要之效益在於促進經濟發展、開發捷運專區、復甦都市老舊市區、引導新市區開發，然而達到這些目標的過程中，卻仰賴私部門的開發與投資，因此各級政府為求結合土地發展，並適度挹注大眾運輸建設經費，配合於大眾運輸車站周邊所屬都市計畫，辦理運輸車站周邊所屬都市計畫變更與修訂「增額容積規定」，促使私部門能夠投資與開發 TOD 發展區，也能落實 TOD 核心理念中的增加土地使用密度。

　　據此，六都當中，已經由臺北市、新北市、桃園市、高雄市等市政府，陸續進行可「增額容積」地區的都市計畫書圖檢討及增修土地使用管制要點，如下表 6.2 所示，臺北市政府「擬定臺北市大眾運輸導向可申請開發許可地區細部計畫案」等，為求增額容積制度能夠在實務上落實，又分別擬訂「增額容積」要點。

表 6.2　各直轄市增額容積機制彙整

各直轄市增額容積機制	臺北市	新北市	桃園市	高雄市
實施都市計畫範圍	擬定臺北市大眾運輸導向可申請開發許可地區細部計畫案	擬定新北市捷運場站周邊地區細部計畫土地使用分區管制要點（配合大眾運輸導向策略）案	變更桃園市捷運場站周邊地區細部計畫土地使用分區管制要點（增修訂增額容積規定）案	變更高雄市都市計畫（灣子內等 12 處地區）細部計畫（配合高雄環狀輕軌捷運建設計畫實施增額容積）土地使用分區管制案
增額容積擬定要點	臺北市大眾運輸導向可申請開發許可地區開發許可申請注意要點	新北市政府審查大眾運輸發展導向增額容積申請案件許可要點	桃園市政府都市計畫增額容積及容積移轉代金申請案件審查許可要點	高雄市政府審查環狀輕軌增額容積申請案件許可要點
適用範圍	核心區：以距離捷運場站或臺鐵場站出入口 150 公尺範圍內。一般區：以距離捷運場站或臺鐵場站月臺投影核心點 300 公尺範圍內。	產業轉軌型、地方活絡型：150 公尺。核心交會型、商業發展型：300 公尺。	以桃園航空城捷運線（綠線）及捷運機場線（藍線）車站中心點半徑 500 公尺範圍涵蓋之細部計畫街廓為計畫範圍。	以輕軌捷運車站周圍 0-400 公尺、400-800 公尺為界線。實施範圍內之住宅區、商業區與特定專用區所座落之完整街廓為計畫範圍。

各直轄市 增額容積機制	臺北市	新北市	桃園市	高雄市
劃定原則	適用範圍以完整街廓為原則，街廓座落於適用範圍面積未達該街廓總面積50%以上者，則不予納入。	建築基地使用分區或用地為住宅區、商業區、乙種工業區、產業專用區、市場用地、電信用地、電信專用區、自來水事業用地、車站用地者，得申請增額容積。	街廓臨接計畫道路寬皆未達8公尺和街廓面積未超過1,000平方公尺，不予適用。	為非完整街廓，但位於界線內之面積超過街廓總面積之50%者，亦納入計畫範圍。
基地規模	住宅區：3,000m^2 其他使用分區：5,000m^{2}或完整街廓	2,000m^{2}或完整街廓	住宅區：3,000m^2 商業區：2,000m^2	臨接8m以上計畫道路基地面積1000m^{2}以上
總容積上限	開發後總面積不得超過基準容積2倍	增額容積＋容積移轉及容積獎勵總和不得超過基準容積100%	未規定	各種容積增加總量不得超過基準容積之50%（不含都更容獎）
增額或獎勵容積額度上限	■獎勵容積 核心區： 基準面積30%、20% 一般區： 基準面積15%、10%	■增額容積 以基準面積50%為限	■增額容積 以基準容積率20%為限	■增額容積 0~400m：增加30% 400~800m：增加15%
增額容積 代金計價	✕	建築基地申請當期之公告現值總額×1.4倍×（申請增額容積量÷基準容積量）	含增額容積價金之接受基地價格──未含增額容積之接受基地價格（依照市價查估結果計算）	申請基地面積×申請基地公告現值×（申請增額容積÷申請基地基準容積）

各直轄市 增額容積機制	臺北市	新北市	桃園市	高雄市
回饋捐贈	容積獎勵50%樓地板面積與建完成無償捐贈予市府。	基準容積率乘以10%之公益性設施捐贈予市府。	✕	✕

　　六都當中，已有四都完成增額容積之機制，而臺中市政府因應捷運綠線與後期規劃之捷運線，也積極推動 TOD 機制與增額容積機制，臺南市政府也刻正辦理中，從適用範圍、劃定原則、基地規模、容積上限等，各地方政府有因應當地環境與都市發展現況有適度性調整，符合都市規劃的精神，也確保環境品質下，釋放可開發之容積。

　　然而，在關鍵的「增額容積代金」計價上，卻大異其趣，臺北市政府採用回饋50%的高額容積作為開發者獲得容積的代價，高額的回饋機制及大基地的開發，讓臺北市寸土寸金且素地缺乏的情況下，窒礙難行。

　　新北市政府與高雄市政府，皆以公告現值為代金計算基準，新北市政府又加乘1.4倍，新北市政府之制度，無疑展現出新北市的土地公告現值不及市價，甚至回到過去傳統徵收時，以公告現值加四成的概念。但無論是否加計，以公告現值作為代金制度，可能無法有效地反應市場行情，尤其捷運開發區，往往透過區段徵收，又是新市區開發，有些地區在區段徵收前後、都市計畫變更前後，未能適時地跟上調整公告現值，使得部分精華地區公告現值偏離市價，將導致未來開發者爭相獵取「低公告現值」但「高建坪售價」的區域。除了無法落實代金制度的公平性之外，甚至導致養地賣高，炒作土地市場，而真正需要私部門來投入協助開發的重點地區，可能將乏人問津。

　　而桃園市政府採用「市價查估」的方式，由不動產估價師依據市場實際交易行情來評估，增額容積應當反應的土地增值價格，從制度的設

計上，較屬公平且符合增額容積之精神，即受益者付費的精神。在推動增額容積代金市價查估過程中，市價查估應當要適度反應建築成本近年來大幅提升，又容積增額是向上堆加，樓層越高建築單價越高，也應當反應在市價查估的過程中。然而，很多代金的計價，往往覺得開發者會有超額利潤，而提高代金的費用，卻忽略了代金繳納的過程，應當邀請相關公會、業者代表，訂立一個「合理利潤」計算公式，並作公開化試算表，納入代金制度之計算，方才能夠有效引導私部門到 TOD 區進行開發，創造誠如圖 6.1 所示，TOD 開發公私合作，互利共存，城市永續發展的目標。

參考文獻

外文文獻

1. Bae, C. H., (2002). Orenco Station, Portland, Oregon: A Successful Transit Oriented Development Experiment, Transportation Quarterly, 56(3): 9-18.

2. Belzer D, Aulter G (2002). Transit-oriented Development: Moving from Rhetoric to Reality. The Brookings Institution Center on Urban and Metropolitan Policy and The Great American Station Foundation.

3. Benfield, F. K., Raimi, M., Chen, D. D. T., (1999). Once There Were Greenfields: How Urban Sprawl is Undermining America's Environment, Economic and Social Fabric. The Natural Resources Defense Council and the Surface Transportation Policy Project.

4. Breheny, M., (2001). Densities and Sustainable Cities: the UK Experience. pp.3-51 in Cities for the New Millennium, edited by Echenique, M. and Sainr, A., London: Spon Press.

5. Burchell, R. W., Downs, A., Seskin, S., Moore, T., Shad, N., Listokin, D., Davis, J.S., Helton, D., Gall, M. and Phillips, H., (1998). TCRP 39: The Costs of Sprawl-Revisited, Washington, DC: Transportation Research Board.

6. California Department of Transportation (2002). Statewide Transit-Oriented Development Study Factors for Success in California: Final Reporter, California Department of Transportation.

7. Calthorpe, P., (1993). The Next American Metropolis: Ecology, Community, and the American Dream. New York: Princeton Architectural Press.

8. Carlson, D., (1995). At Road's End: Transportation and Land Use Choices for Communities, Washington, DC: Island Press.

9. Cervero, R., (1998). The Transit Metropolits: A Global Inquiry, Washington, D.C., Island Press.

10. Cervero, R., Duncan, M., (2002). Land Value Impacts of Rail Transit Services in Los Angeles County. Report Prepared for National Association of Realtors, Urban Land Institute.

11. Cervero, R., Murphy, S., Ferrell, C., Goguts, N., Tsai, Y.-H., Arrington, G. B., Borski, J., Smith-Heimer, J., Golem, R., Peninger, P., Nakajima, E., Chui, E., Dunphy, R., Myers, M., Mckay, S., and Witenstein, N., (2004). Transit-Oriented Development in the United States: Experiences, Challenges, Transit Cooperative Research Program Report 102. Washington, D.C.: Transportation Research Board.

12. Cervero, R., Sarmiento, O. L., Jacoby, E., Gomez, L. F., and Neiman, A. (2009). Influences of Built Environments on Walking and Cycling: Lessons from Bogotá, International Journal of Sustainable Transportation, 3(4): 203-226.

13. Davis, D., Corbett, J. and Zykofsky, P., (1999). Building Livable Communities: A Policymaker's Guide to Transit-Oriented Development, Sacramento, CA: Center for Livable Communities.

14. Davison, G., (1978). The Rise and Fall of Marvelous Melbourne, Melbourne: University of Melbourne Press.

15. Dittmar, H. and Ohland G., eds. (2004). The New Transit Town: Best Practices in Transit-Oriented Development, Washington, D.C.: Island Press.

16. Dittmar, Hank, and Gloria Ohland, eds., (2004). The New Transit Town: Best Practices in Transit-Oriented Development. Washington: Island Press.

17. Dunphy, R., (1997). Moving Beyond Grialock: Traffic and Development, Washington, DC: Urban Land Institute.

18. Evans, J. E., Pratt, R. H., Stryker, A., and Kuzmyak, J. R., (2007). TCRP Report 95: Traveler Response to Transportation System Changes: Transit Oriented Development, Washington, D. C.: Transportation Research Board.

19. Ewing, E., (1996). Best Development Practices, Planners Press, Chicago: American Planning Association.

20. Freilich, Robert H., (1998). The Land-Use Implication of Transit-Oriented Development: Controlling the Demand Side of Transportation Congestion and Urban Sprawl. The Urban Lawyer. 30(3): 47-572.

21. Galster, G., Hanson, R., Ratcliffe, M., Wolman, H., Coleman, S. and Freihage, J., (2001). Wrestling Sprawl to the Ground: Defining and Measuring an Elusive Concept, Housing Policy Dedate, 12(4): 681-717.

22. Garvin, Alexander (2002). The American City: What Works What Doesn't, New York, NY: The McGraw Hill.

23. Gray, G. E. and Hoel, L. A., (1992). Public Transportation, Englewood Cliff, NJ: Prentice Hall.

24. Institute for Transportation and Development Policy (ITDP), (2017). Transit-Oriented Development Standard.

25. Jane Jacobs, (1961). The Deathand Life of Great American Cities.

26. Johnson, M. P. (2001). Environmental Impacts of Urban Sprawl: A Survey of the Literature and Proposed Research Agenda. Environment and planning A, 33: 717-735.

27. Katz, P., (1994). The New Urbanism: Toward an Architecture of Community, New York: McGraw-Hill.

28. Kostoff, F., (1991). The City shaped: Urban Patterns and Meanings Through History, London: Thames & Hudson.

29. Kushner, J. A., (2004). The Post-Automobile City: Legal Mechanisms to Establish the Pedestrian-Friendly City. North Carolina: Carolina Academic Press.

30. Leccese, M. and McCormick, K., (2000). Charter of the New Urbanism, New York: McGraw Hill.

31. Li, C.N. and T.Y. Lai (2008), Why Should Cities Change from DOT to TOD? Proceedings of the Institution of Civil Engineers-Transport, Forthcoming.

32. Li, Chia-Nung and Tsung-Yu Lai, (2006). Sustainable Development and Transit-Oriented Development Cities in Taiwan, The 12th Annual Sustainable Development Research Conference 2006, The Centre of Urban Planning and Environmental Management, The University of Hong Kong, in Hong Kong.

33. Liteman, Todd, (2006). Evaluating Transportation Land Use Impacts. Canada, Victoria Transport Policy Institute.

34. Litman, Todd, (2004). Understanding Smart Growth Savings. Canada, Victoria Transport Policy Institute.

35. Mitchell, J. G. (2001). Urban Sprawl: the American Dream. National Geographic, 200(1): 48-73.

36. Nelson, Dick, and John Niles. (1999). Market Dynamics and Nonwork Travel Patterns:

Obstacles to Transit-Oriented Development? Paper presented at 78th Annual Meeting of the Transportation Research Board, January 1999, Washington, DC.

37. Newman, P. and J.R. Kenworthy, (1999a). The Land Use- Transport Connection: An Overview, Land Use Policy, 13(1): 1-22.

38. Newman, P. and J.R. Kenworthy, (1999b). Sustainability and Cities: Overcoming Automobile Dependence. Washington, D.C.: Island Press.

39. Newman, P., Kenworthy, J. R., (2000). Sustainable of Urban form: The Big Picture, in Achieving Sustainable Urban Form, in K. Williams, E. Burton, M. Jenks (ed.), N. Y: E & FN Spon, 109-120.

40. Peter Calthorpe, (1993). The Next American Metropolis: Ecology, Community, and the American Dream.

41. Porter, D.R., (1997). Transit-Focused Development: A Synthesis of Research and Experience, Transit Cooperative Research Program Report 20.Transportation Research Board.

42. Quade, P. B. and INC. Douglas, (1996). TCRP Report 16: Transit and Urban Form, Washington: DC: Transportation Research Board.

43. Renne, J. L., Wells, J. S., and Bloustein, E. J., (2005). Transit-Oriented Development: Developing a Strategy to Measure Success, National Cooperative Highway Research Project 20-65(5). Washington, D.C.: Transportation Research Board.

44. Renne, J. L., Wells, J. S., and Bloustein, E. J., (2005). Transit-Oriented Development: Developing a Strategy to Measure Success, National Cooperative Highway Research Project 20-65(5), Washington, D.C.: Transportation Research Board.

45. Southworth, M. and Ben-Joseph, E., (1997). Streets and the Shaping of Towns and Cities, New York: McGraw-Hill.

46. Spearitt, P., (1978). Sydney Since The 20'S, Sydney: Hale & Ironmonger.

47. Trappey, A. J. C., Trappey, C., Hsiao, C. T. Ou, J. J. R., Li, S. J., and Chen, K. W. P. (2012). An Evaluation Model for Low Carbon Island Policy: The Case of Taiwan's Green Transportation Policy, Energy Policy, 45: 510-515.

48. White, Attorney, Freilich, Leitner and Carlisle, (1999). The Zoning and Real Estate Implications of Transit-Oriented Development. Transit Cooperative Research Program,

Transportation Research Board, National Research Council, National Academy Press, Washington: D. C.

中文文獻

1. 王受之（2003），城市史第一部：有機城市，臺北：藝術家出版社。

2. 交通部運輸研究所（2002），促進大眾運輸發展方案－後續推動方案之規劃，交通部運輸研究所與中華民國運輸學會合作辦理。

3. 交通部運輸研究所（2011），都市計劃案綠色運輸衡量指標之研訂，臺北：交通部運輸研究所。

4. 吳美觀（2000），住商混合型集合住宅中良好生活環境形成之研究－商業環境的良性效用與形成要因，臺南：成功大學建築學系碩士論文。

5. 吳綱立（1998），大眾捷運系統對都會區發展之影響：加州舊金山灣區捷運（BART）與臺北捷運經驗的啓示，「1998第三屆海峽兩岸都市（新市鎮）公共工程學術暨實務研討會論文集」，中華民國建築技術學會及國立臺北科技大學，第287-309頁。

6. 李家儂（2008），健康、運輸與都市設計整合的規劃思潮，土地問題研究季刊，第7卷，第4期，第114-124頁。

7. 李家儂（2009），土地使用與交通運輸連結下的都市模式演變及其效益評估，國立政治大學地政研究所博士論文。

8. 李家儂（2015），鄉村地區綠色運輸衡量指標之建構與評估：以宜蘭縣爲例，都市與計劃，第42卷，第4期，第455-485頁。

9. 李家儂（2017），探討大眾運輸車站內部步行環境對步行者身心健康之影響－以板橋車站爲例，都市與計劃，第44卷，第2期，第11-148頁。

10. 李家儂、賴宗裕（2002），建構臺灣的TOD理念與捷運車站周邊之土地使用規劃模式，「2002年中華民國都市計劃、區域科學、住宅學會聯合年會暨論文研討會」。

11. 李家儂、賴宗裕（2005），臺灣地區大眾運輸導向發展之落實－借鏡美國的實施經驗，都市交通季刊，第20卷，第3期，第1-16頁。

12. 李家儂、賴宗裕（2007a），大眾捷運車站周邊土地使用規劃模型之探討－多目標與多評準決策方法之應用，都市交通，第22卷，第1期，第35-49頁。

13. 李家儂、賴宗裕（2007b），臺北都會區大衆運輸導向發展目標體系與策略之建構，地理學報，第48卷，第19-42頁。

14. 李家儂、賴宗裕（2009），交通運輸與土地使用連結下的都市模式演變－全球36個主要城市比較分析，都市與計劃，第36卷，第1期，第25-49頁。

15. 李家儂、謝翊楷（2015），以空間型構法則及步行導向理念檢視TOD區內土地使用配置的合理性，運輸計劃季刊，第44卷，第1期，第1-24頁。

16. 李家儂、謝翊楷（2015），高齡友善TOD運輸環境之文獻評析，福祉科技與服務管理學刊，第3卷，第2期，第171-188頁。

17. 李家儂、謝翊楷（2016），以階層線性模式探討TOD規劃效益對土地開發之影響，臺灣土地研究，第19卷，第1期，第1-38頁。

18. 李家儂、羅健文（2006），大衆運輸導向發展設計概念中步行可及性與大衆捷運系統旅次關係之初探，都市交通，第20卷，第4期，第1-14頁。

19. 杜雲龍（2000）「大衆運輸導向之都市發展策略－以淡海新市鎮開發案爲例」，國立臺北大學都市計劃研究所碩士論文。

20. 林將財、李繁彥（1993），「臺灣地區實施計劃單元整體開發制度之研究」，內政部建築研究所籌備處。

21. 林楨家、李家儂（2005），用於都市地區活動分布之灰色TOD規劃模式，運輸計劃季刊，第34卷，第1期，第63-91頁。

22. 林楨家、李家儂、馮正民、羅健文、蔡耀慶、陳志豪、李欣庭、黃運貴、黃新薰、朱珮芸（2011），都市計劃案綠色運輸衡量指標之研訂，臺北：交通部運輸研究所。

23. 施鴻志（1997），都市規劃，新竹：建都文化事業公司。

24. 張有恆（1994），都市公共運輸，臺北：華泰書局。

25. 莊翰華（2000），土地使用計劃面面觀，新竹：建都文化事業公司。

26. 陳怡安（2009），鄉村地區高齡者需求回應運輸服務系統之規劃研究－以台南縣西港鄉爲例，新竹：中華大學運輸科技與物流管理學系碩士論文。

27. 陳勝智（2001），以大衆運輸導向發展理念進行車站地區都市再發展之探討，成功大學都市計劃研究所碩士論文。

28. 臺北市政府（2019），臺北市都市計劃書：擬定臺北市大衆運輸導向可申請開發許可地區細部計劃案，民國108年1月24日。

29. 蔡珮雯、賴宗裕（2001），捷運車站周圍土地使用規劃課題之探討—以木柵線中山國中站為例，「第二屆2001地政學術研討會」。

30. 鄭凱仁（2001），以新都市主義觀點進行住宅社區規劃之研究，成功大學都市計劃研究所碩士論文。

31. 錢學陶（1990），都市計劃學導論，臺北：茂榮圖書公司。

32. 謝翊楷（2019），以大眾運輸導向發展建構健康社區步行友善環境評估指標與規劃模式，臺北：中國文化大學建築及都市設計學系博士論文。

國家圖書館出版品預行編目(CIP)資料

大眾運輸導向發展與不動產開發╱李家儂著.
--三版.--臺北市:五南圖書出版股份有限公
司, 2021.11
　　面; 公分.
ISBN 978-626-317-276-0(平裝)

1.都市計畫 2.都市建築 3.環境規劃
4.都市土地開發

545.14　　　　　　　　　110016837

1K2A

大眾運輸導向發展與
不動產開發(第三版)

作　　者 — 李家儂

責任編輯 — 唐筠

文字校對 — 許馨尹、黃志誠

封面設計 — 王麗娟

發 行 人 — 楊榮川

總 經 理 — 楊士清

總 編 輯 — 楊秀麗

副總編輯 — 張毓芬

出 版 者 — 五南圖書出版股份有限公司

地　　址:106台北市大安區和平東路二段339號4樓

電　　話:(02)2705-5066　　傳　　真:(02)2706-6100

網　　址:https://www.wunan.com.tw

電子郵件:wunan@wunan.com.tw

劃撥帳號:01068953

戶　　名:五南圖書出版股份有限公司

法律顧問　林勝安律師事務所　林勝安律師

出版日期　2020年 8 月初版一刷
　　　　　2021年 3 月二版一刷
　　　　　2021年11月三版一刷
　　　　　2022年 3 月三版二刷

定　　價　新臺幣370元

經典永恆・名著常在

五十週年的獻禮 —— 經典名著文庫

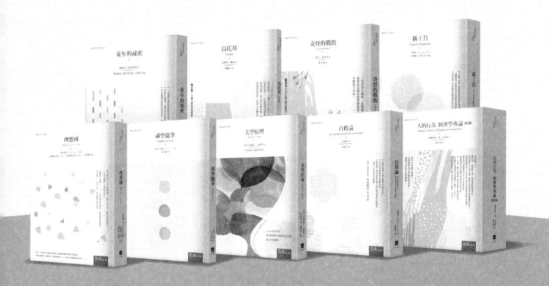

五南，五十年了，半個世紀，人生旅程的一大半，走過來了。

思索著，邁向百年的未來歷程，能為知識界、文化學術界作些什麼？

在速食文化的生態下，有什麼值得讓人雋永品味的？

歷代經典・當今名著，經過時間的洗禮，千錘百鍊，流傳至今，光芒耀人；

不僅使我們能領悟前人的智慧，同時也增深加廣我們思考的深度與視野。

我們決心投入巨資，有計畫的系統梳選，成立「經典名著文庫」，

希望收入古今中外思想性的、充滿睿智與獨見的經典、名著。

這是一項理想性的、永續性的巨大出版工程。

不在意讀者的眾寡，只考慮它的學術價值，力求完整展現先哲思想的軌跡；

為知識界開啟一片智慧之窗，營造一座百花綻放的世界文明公園，

任君遨遊、取菁吸蜜、嘉惠學子！